テニスプレーヤーのための最新フィジカルトレーニング

テニス
フィジバト道場

横山正吾 著

ベースボール・マガジン社

テニスはフィジカルバトル
毎日過去最高の自分を更新していけるように
プラスの変化を目指しましょう！

まず私の自己紹介をさせてください。

中学1年生から高校3年生まで地元・高知で、毎日野球漬けの生活を送っていました。そんな中学時代に本を読むのが好きだった私は、時間があれば家の近くの本屋さんに通い、野球の専門書コーナーに立ち寄っては気になる本がないかをチェックするのが習慣になっていました。

中学3年生のある日、ベースボール・マガジン社から発行されていた手塚一志さんの『ピッチングの正体』に出合うことになります。この本の中には肩関節の内旋や外旋など、これまで聞いたことがなかった専門用語が並んでいました。これを実践したら自分の可能性が広がりそうだな〉と感じた私は、

授業の合間の休み時間などを使って、なんとか内容を理解しようと繰り返し本のページをめくっていました。私に身体の動きやトレーニングについての興味を抱かせてくれたのは、まさにこの本との出合いからでした。ちなみに25年が経った今でもこのときの『ピッチングの正体』は私の部屋にあります。

高校を卒業するタイミングで〈スポーツ選手のトレーニング指導がしたい〉という思いから、トレーナー養成を行っている専門学校へ進学を決め、高校卒業と同時に大阪へ。その専門学校2年生のときに、「テニスの日本代表合宿が近くであるけど、見学に行く学生はいないか」という先生からの呼びかけに「行きたいです！」と応じ、合宿が行われていた江

坂テニスセンターへ行ったのが私のテニスとの出合いとなります。右も左もわからない私は、ひとまず練習中のボール拾いのお手伝いをすることに。〈選手には良い球を返さないと！〉との思いから、練習をしていた代表選手のみなさんにノーバウンドで矢のような返球をした私。今となっては良い思い出です。私のトレーナーとしての人生はここから一気にテニスの世界へと舵を切るようになります。

デビスカップ日本代表チームのアシスタントトレーナーとして初めての海外遠征を経験し、その後は、選手とともにグランドスラムをはじめとする世界各国の大会を転戦する経験もさせてもらいました。世界のトップ選手たちのコート上での動きを目にし、さらに大会期間中にも関わらずハードなトレーニングに取り組む選手たちの姿を目にしたときの衝撃は今でも忘れることができません。これらの経験は、世界を相手に戦うためには〈フィジカルは絶対条件〉であるという、さらなる確信を私に与えてくれるものでした。

フィジバト道場という本のタイトル通り、テニスはフィジカルバトルです。体力的な要素がとても重要になってきます。現在トレーニングを担当させてもらっている選手のみなさんもそれぞれ戦うステージは違えども、日々自分自身と向き合い、これまでの自分を超えていこうと地道にフィジカル強化に取り組んでいます。選手だけでなく愛好者のみなさんもトレーニングに触れ、自分自身の身体をコントロールして今まで以上に動けるようになることで、テニスの楽しさはさらなる広がりを見せてくれること と思います。

この本を手に取っていただいたみなさんに、毎日過去最高の自分を更新していけるようなプラスの変化が訪れることを期待しています。さあ、トレーニングを始めましょう！

横山正吾

目次

002 ……………… はじめに

Vol. 01 体幹トレーニング 008

010 ……………… ☑ バランスCHECK! 良い姿勢と悪い姿勢
012 ……………… 1 腹圧を高める(仰向け)
013 ……………… ☑ 細い呼吸から徐々に深い呼吸へ
014 ……………… 2 腹圧を高める(うつ伏せ)
015 ……………… 3 腹圧を高めてプランク
016 ……………… 4 腹圧を高めてサイドプランク
017 ……………… 5 太ももの内側を使ったサイドプランク
        ☑ 靴の内側の"エッジ"を地面に立てて身体を持ち上げる
018 ……………… 6 お腹を締めてヒップリフト
019 ……………… ☑ スタンスを広く、構えのCHECK!

Vol. 02 体幹キープ+下半身の動き 020

022 ……………… 1 プランク+股関節外転
        ☑ 体幹部分をしっかり止めた状態で股関節のみ動かす
023 ……………… 2 プランク+股関節伸展
024 ……………… 3 サイドプランク+股関節外転
025 ……………… 4 サイドプランク+股関節屈曲①
026 ……………… 5 サイドプランク+股関節屈曲②
028 ……………… 6 サイドプランク+股関節外転(強度高め)
029 ……………… 7 サイドプランク+股関節屈曲(強度高め)
030 ……………… 8 シングルレッグヒップリフト+股関節屈曲(強度高め)
031 ……………… ☑ 肩から支えている膝まで一直線を保つ

Vol. 03 体幹キープ+上半身の動き 032

034 ……………… 1 腕立て伏せポジション+片手支持
036 ……………… 2 腕立て伏せポジション+肩関節の動き(上・上・横・横・下・下)
038 ……………… 3 プランク+上半身の運動

Vol. 04 体幹キープ+上半身&下半身の動き 040

042 ……………… 1 腕立て伏せポジション+肩関節&股関節の運動
044 ……………… 2 サイドプランク+肩関節&股関節の運動(肘、膝タッチ)
046 ……………… 3 サイドプランク+肩関節&股関節の運動(肘、膝クロスタッチ)
048 ……………… 4 サイドプランク+肩関節&股関節の運動(リーチを伸ばす)

Vol. 05 体幹の連動性を高めるトレーニング 050

052 ……………… 1 揺らぎ運動(肘、膝タッチ)
054 ……………… 2 揺らぎ運動で回転
056 ……………… 3 揺らぎ運動で横移動
058 ……………… 4 揺らぎ運動(うつ伏せ)で回転
060 ……………… 5 体幹トレーニング→メディシンボールツイスト
062 ……………… 6 体幹トレーニング→メディシンボールキャッチ&スロー(サイド)
064 ……………… 7 体幹トレーニング→メディシンボールキャッチ&スロー(オーバーヘッド)

066 ·················· **Vol. 06 サービスのコンディショニング&トレーニング**

068 ·················· ☑ 4種目共通の基本姿勢
070 ·················· **1** 肩関節周辺の強化①肩を下げた状態
072 ·················· **2** 肩関節周辺の強化②腕を肩の高さで上げる
073 ·················· **3** 肩関節周辺の強化③腕を頭上に上げる
074 ·················· **4** 肩関節周辺の強化④手の甲を腰から浮かせる
076 ·················· **5** テニスボールを腰の後ろで受け渡し、肩を大きく動かす
078 ·················· **6** プランクから股関節を曲げて肩入れ
079 ·················· **7** メディシンボールを肘で支えて遠くにリーチする
080 ·················· ☑ サービスのためのストレッチ&筋力トレーニング
·················· ストレッチ編1 股関節伸展
081 ·················· ストレッチ編2 胸椎回旋
082 ·················· ストレッチ編3 胸椎伸展
·················· ストレッチ編4 肩入れ&胸起こし
083 ·················· ストレッチ編5 ブリッジ
·················· ☑ 肩関節、股関節が上がらない場合
084 ·················· **8** プルオーバー
·················· **9** 反動を使ってのプルオーバー
085 ·················· **10** 反動を使ってのメディシンボールオーバーヘッドトス
086 ·················· **11** メディシンボールオーバーヘッドスロー（シッティングポジション）
087 ·················· **12** メディシンボールオーバーヘッドスロー（ニーリングポジション）
·················· **13** ワカメ運動
088 ·················· **14** メディシンボールオーバーヘッドスロー（スタンディングポジション）
·················· ☑ 肩のゼロポジション
089 ·················· **15** メディシンボールオーバーヘッドスロー（片手）
090 ·················· **16** スティック（長い棒）スイング
091 ·················· **17** チューブを使ったサービススイング
092 ·················· **18** アメリカンフットボールスロー
094 ·················· 横山トレーナー×仁木拓人選手[サービストレーニングについて]
096 ·················· **19** サービスの加速①メディシンボールを使って体重移動と反り動作（片膝立ち）
098 ·················· ☑ ここからの種目はすべて斜め上方向に動作する
100 ·················· **20** サービスの加速②サービス動作を意識してメディシンボールを投げる（片膝立ち）
102 ·················· **21** サービスの加速③サービス動作を意識してメディシンボールを投げる（両膝立ち）
103 ·················· ☑ 胸の向きは斜め上方向、そのとき肩関節は外旋する
104 ·················· **22** サービスの加速④サービス動作を意識してメディシンボールを投げる（片膝立ち）
·················· ☑ 肘の角度は90度
106 ·················· **23** サービスの加速⑤サービス動作を意識してメディシンボールを投げる（立位）
108 ·················· **24** サービスの加速⑥チューブを使ったサービススイング
·················· ☑ 最初の股関節の曲げが重要
110 ·················· **25** サービスの加速⑦メディシンボールを真上に投げる
112 ·················· **26** サービスの加速⑧メディシンボールを斜め上に投げる

114 ·················· **Vol. 07 技術系トレーニング**

116 ·················· ☑ 構えの姿勢ーパワーポジションは変化する
118 ·················· **1** お腹を締めてチューブを前後に動かす
120 ·················· **2** お腹を締めてチューブスイング（左右に動かす）
121 ·················· **3** メディシンボールスロー①スイング動作に近づける
122 ·················· **4** メディシンボールスロー②股関節のローディング

123 ·············· ☑ 軸足の股関節、膝が縦にまっすぐに並び、体重がのる感覚を得る
124 ·············· **5** メディシンボールスロー③目線を残してスイング動作
125 ·············· ☑ 目線を残して身体の開きを防ぐ
·············· ☑ 顔(目線)を残して打点に近づけてから加速
126 ·············· **6** メディシンボールスロー④もっとも力が入る場所を通過させる
127 ·············· ☑ 一番力が入るポイントを知る
128 ·············· **7** チューブで負荷をかけて踏み込み足をコントロール
129 ·············· **8** チューブで負荷をかけて軸足から出力する
130 ·············· **9** ストロークトレーニング-メディシンボールスロー&キャッチ(壁)
132 ·············· **10** ストロークトレーニング-メディシンボールスロー&キャッチ(壁、2人組)
134 ·············· **11** ストロークトレーニング-メディシンボールスロー&キャッチ(壁、2人組アレンジ)
136 ·············· **12** ストロークトレーニング-メディシンボールスロー&キャッチ(オープンスタンス)
137 ·············· ☑ かかとまでしっかりつけた状態から足を踏み替える
138 ·············· **13** アジリティステップとボールコンタクト
140 ·············· **14** アジリティステップとボールコンタクト(パッド使用)
142 ·············· **15** 両手にパッドを付け、サービスボックスを動いて打球
144 ·············· **16** ボール2個でキャッチボールを3段階
·············· ☑ 基本姿勢は常にスタンスを広く、お腹を締める
146 ·············· **17** 3カウントステップ
147 ·············· **18** 3カウントステップで横方向に移動
148 ·············· **19** 3カウントステップで横方向に移動、ボールキャッチ
149 ·············· ☑ 頭からスタンスまでの三角形をキープ
150 ·············· **20** ジャグリングボールキャッチ(左右ランダム)
151 ·············· **21** ジャグリングボールキャッチ(前後左右ランダム)
152 ·············· **22** ジャグリングボールキャッチ(ランダム・アレンジバージョン)
153 ·············· **23** ジャグリングメディシンボールスロー(ランダム・アレンジバージョン)
154 ·············· **24** 1対1の対戦型ゲームトレーニング①じゃんけんラインタッチ
156 ·············· **25** 1対1の対戦型ゲームトレーニング②オフェンス&ディフェンスゲーム
158 ·············· **26** 1対1の対戦型ゲームトレーニング③メディシンボールバトル(横方向)
160 ·············· **27** 1対1の対戦型ゲームトレーニング④メディシンボールバトル(前後方向)

162 ·············· **Vol. 08 瞬発系トレーニング**

164 ·············· **1** 下半身から上半身へエネルギーを連動するため、基本のスクワット
165 ·············· **2** ジャンプ系下肢トレーニング
166 ·············· **3** ドロップスクワット+メディシンボールスロー(真上)
167 ·············· **4** ドロップスクワット+メディシンボールスロー(前方)
168 ·············· **5** ドロップスクワット+メディシンボールスロー(後方)
169 ·············· **6** ドロップスクワット+メディシンボールスロー(ひねりを入れて後方)
170 ·············· **7** 瞬発力強化のジャンプ系トレーニング①アンクルホップ
171 ·············· **8** 瞬発力強化のジャンプ系トレーニング②ダブルレッグホップ
172 ·············· **9** 瞬発力強化のジャンプ系トレーニング③ダブルレッグホップ(アレンジ)

174 ·············· **Vol. 09 フットワークトレーニング**

176 ·············· **1** アレーコートを使った往復ジャンプ
177 ·············· **2** アレーコートを使った往復ジャンプ+チューブ
178 ·············· **3** 地面を蹴って横へ大きく移動
179 ·············· **4** 地面を蹴って横へ大きく移動+チューブ
180 ·············· **5** 地面を蹴って横へ大きく移動(クロスオーバーステップ)
181 ·············· **6** 地面を蹴って横へ大きく移動+チューブ(クロスオーバーステップ)

182	7	切り返しサイドラインジャンプ
183	8	クロスオーバーステップで切り返し
184	9	切り返しサイドラインジャンプ+チューブで負荷
185	10	クロスオーバーステップで切り返し+チューブで負荷
186	11	後方へ下がるフットワーク
187	12	後方へ下がるフットワーク+チューブ
188	13	スマッシュのフットワークと素振り+チューブ
189	14	前後のフットワークでジャグリング
190	15	メディシンボールを使った8の字フットワーク
192	16	メディシンボールを使った8の字フットワーク(回り込み)
193	17	テニスボールを使った8の字フットワーク(ボレー)
194	18	テニスボールを使った8の字フットワーク(回り込みボレー)
196	19	クロスオーバーステップからの切り返し
197	☑	オンバランスとオフバランス
198	20	飛びつき動作からの切り返し(テニスボール)
199	21	飛びつき動作からの切り返し(メディシンボール)
200	22	シグナルに合わせて斜め前、斜め後ろに動く
	☑	スピードトレーニングー多方向への加速と減速
202	23	ボールとの距離感を測りながら多方向へ動いて切り返す
	☑	どれくらい減速して足をつけばぴたりとボールに合うかを身体で覚える
204	☑	加速とブレーキング、両方鍛える必要がある
205	24	チューブを使いブレーキングの姿勢をつくる
206	25	チューブを使わずブレーキングの姿勢をつくる
207	26	チューブで負荷をかけた状態でブレーキングの姿勢をつくる
208	27	ランジ動作で逆方向に出力
209	28	移動範囲を広げて、加速と逆方向に出力
210	29	チューブで加速させてブレーキング動作
211	30	メディシンボールをキャッチしてブレーキング動作
212	31	持久力強化のためのインターバル走

214　Vol.10 ネットプレー全般トレーニング

216	1	横方向へのブレーキングと切り返し
	☑	踏み込み足でしっかりとブレーキング
218	2	横方向へのブレーキングと切り返し(チューブを使用)
220	3	スタート時の足の送り(方向転換)
	☑	つま先が外向きのガニ股、内向きの内股は✕
222	4	横方向への足の送り+ブレーキング(方向転換)
224	5	前方移動から左右へ足の送り+ブレーキング(反応&判断と方向転換)
	☑	助走のスピードを上げすぎない
226	6	前方移動からさらに前方への足の送り(反応&判断と方向転換)
228	7	前後左右さまざまな方向への足の送り(反応&判断と方向転換)
230	☑	進みたい方向と逆方向に足をついて推進力を得る
232	☑	力を入れるところと抜くところが必要
234	8	近距離ボレーの反応トレーニング
236	9	羽を使ったボレーラリー(ポイント形式)
238		おわりに

体幹とは、頭と手足を除いた胴体部分を指します。テニスで体幹を
うまく使うためには、安定性と可動性という2つの役割を同時にトレー
ニングしていくことが大切です。体幹の中でも腰椎（腰部）には体幹を
安定させる役割があり、胸椎（胸部）は可動性を担います。ストローク
でたとえると、腰椎が安定した状態でその上にのる胸椎が回旋をして
いくと、下半身から上半身へと続く運動の伝達をスムーズに行うこと
ができます。逆に腰椎の安定性が低いとストロークやフットワークの中
で動きのブレが大きくなり、スムーズにプレーすることができなくなりま
す。そこでこのVol.01では、腰椎をはじめとする体幹部の安定性を高
めるためのトレーニングを紹介していきます。

モデル◎清水悠太

Vol.

01

体幹
トレーニング

バランスCHECK! 良い姿勢と悪い姿勢

　バランスというのは自分の身体を支えている基底面（スタンス）の中に自分の重さの中心（骨盤の下辺り）、重心を収める能力、もしくはそれを維持するための能力ということになります。

　一方、バランスが崩れるということはスタンスの外に重心が出てしまうことにより、その場に立っていられなくなった状態です。テニスのプレーではバランスを崩したくありませんから、できるだけスタンスの中に重心を置いたままの状態でテークバックであったり、フットワークをするということが重要になります。では、バランスチェックを行いましょう。

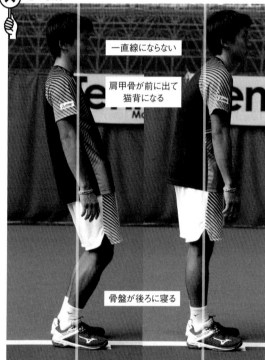

一直線にならない

肩甲骨が前に出て
猫背になる

骨盤が後ろに寝る

悪い姿勢、バランスが崩れた状態は、例えば肩が前に出た猫背の状態がある。背中が曲がった状態だと体幹を利かせづらかったり、バランスをキープするのが難しかったり、崩れたバランスを立て直すのが難しかったりする

◎ 良い姿勢

一直線

❶耳たぶ

❷肩峰

❸膝のお皿の
少し後ろ

❹くるぶし

一直線

基本となる良い姿勢は、横から見たときに、❶耳た
ぶ、❷肩峰、❸膝のお皿の少し後ろ、❹くるぶし、こ
の❶から❹が一直線に並ぶ。これが俗にいう良い姿
勢、真っすぐに立った状態、バランスが良い状態

背中（肩甲骨）を締めて、お腹も締めた状態は、横か
ら力強く押してもドシッと芯が通ったように倒れにくく
なる

腹圧を高める（仰向け）

効果 **体幹部の深層筋（インナーマッスル）を鍛える**

　初めに、腹圧（お腹の中の圧）を高めるための種目を行います。写真を見てください。仰向けに寝た姿勢で少しお腹を引き込んだ状態をつくっていきます。細いジーンズを履いているような、あるいはベルトを閉めてパンツを履いているようなイメージでお腹を引き込みましょう。この状態をキープしてお尻に少し力を入れると、腹圧が高まった状態をつくることができます。

　これを呼吸と合わせて練習していきます。鼻から息を吸ってお腹を膨らませ、その後、息を吐いてお腹をできるだけ平らにします。これを繰り返します。5〜10回。

　そして、お腹を引き込んだ状態をキープをしたまま（お腹を平らにした状態で）、呼吸をしていきます。肩周りや股関節周りに力を入れることがないように、あくまでお腹を引き込んだ状態で呼吸をします。30秒キープ。

細い呼吸でお腹を引き込んだ状態をつくる。そして、"締めた状態"で呼吸を続ける

☑ 細い呼吸から徐々に深い呼吸へ

　最初に息を深く吸ってお腹に空気を入れると、体幹部分の腹圧が抜けてしまう場合があります。そこで最初は細い呼吸で、お腹を引き込んだ状態をキープしてください。この方法でうまく力を入れることができれば、へその下からサイド部分にキューッと収縮する感覚を得ることができます。この感覚が得られたらそこで"締めた状態"をつくり、呼吸を続けていきます。慣れてくれば徐々に深い呼吸でも同じ感覚を出せるようにしていきます。

腹圧を高める（うつ伏せ）

効果 **体幹部の深層筋（インナーマッスル）を鍛える**

　トレーニング1の続きです。次は、うつ伏せの状態でお腹を引き込んでいきます。仰向けの場合は重力が上から下にかかってくるので、お腹を引き込むのは簡単なのですが、うつ伏せの場合は重力に抵抗してお腹を引き上げなければいけないので少し負荷が高くなります。

　上半身をリラックスするために、手をおでこの下に置きます。この状態で股関節、肩周りに力を入れないようにして、お腹を地面からスッと持ち上げます。そこに手のひら一枚分、地面との間に隙間が空くようなイメージで、呼吸を続けていきます。これも20秒から30秒行っていきます。

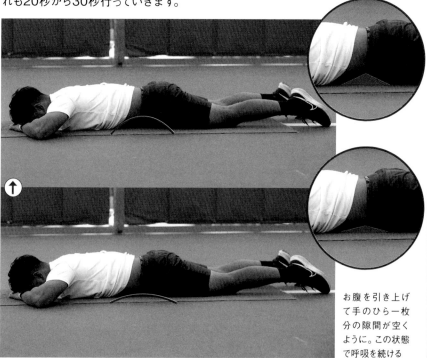

お腹を引き上げて手のひら一枚分の隙間が空くように。この状態で呼吸を続ける

3 腹圧を高めてプランク

効果 体幹部・肩関節周辺・股関節周辺の安定性を高める

　トレーニング1、2の続きです。お腹を引き込んだ状態をキープして、プランクをしていきたいと思います。

　写真のように肘を肩の真下につきます。つま先で身体を支え、頭（肩）から足（くるぶし）まで一直線の状態をつくります。その際、お尻が上に上がりすぎたり、腰が落ちたりしないように姿勢をキープし、呼吸を続けてください。あまり肩を緊張させないようにするのもポイントです。20〜30秒。

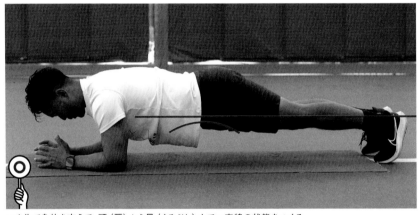

つま先で身体を支えて、頭（肩）から足（くるぶし）まで一直線の状態をつくる

お尻が上に上がる

肩に余計な力が入る

腰が落ちる

腹圧を高めてサイドプランク

| 効果 | 体幹部・肩関節周辺・股関節周辺の側方への安定性を高める |

　トレーニング1、2、3の続きでサイドプランクを行います。写真のように横向きになり、肩の真下に肘がくるようにし、肘と前腕で身体を支えます。足元は靴と靴を重ねてください。そして、ここまでのトレーニングと同じようにお腹を引き込んだ状態をキープして持ち上げていきます。20〜30秒キープ。

　首が下に落ちてしまったり、体側が地面に近づいてしまったり、あとは腰が後ろに逃げてしまったりしないよう姿勢をキープし、呼吸を続けてください。上の肩が前方に出ていかないようにするのもポイントです。

両ページの ○✕ はトレーニング4、5共通

頭から足まで一直線を保ち、肘で身体を支える

上の肩が前方に出る

細い呼吸でお腹を引き込んだ状態をつくる。そして
"閉めた状態"で呼吸を続ける

トレーニング **5**

太ももの内側を使った
サイドプランク

効果 **体幹部・肩関節周辺・股関節周辺の側方への安定性を高める**

　次は太ももの内側を使ったサイドプランクです。肩の真下に肘がくるようにし、肘と前腕で身体を支えます。上の脚を伸ばした状態で靴の内側を地面に立てます。下の脚は膝と股関節を曲げて、膝がへその前にくるよう引き上げていきます。上の脚1本で身体を支えていきます。この状態を20〜30秒キープ。

　トレーニング4と同じで首が下に落ちてしまったり、体側が下に近づいてしまったり、上の肩が前方に出て丸まってしまわないようにキープし、呼吸を続けてください。

つま先で身体を支えて、頭（肩）から足（くるぶし）まで一直線の状態をつくる

☑ 靴の内側の"エッジ"を
地面に立てて
身体を持ち上げる

　太ももの内側を使って靴の内側を地面に立てていくイメージです。力を入れる方向がずれてしまうと靴の内側が立たず、足の裏が地面に着くような形になるので、靴の内側の"エッジ"を地面に対して立てる意識が重要です。

首が下に落ちる

体側が下に近づく

お腹を締めてヒップリフト

効果 体幹部・股関節周辺の後方への安定性を高める

　次はお腹を締めながらお尻に刺激を入れていきます。仰向けに寝て踵を地面に着けます。膝は90度に曲げた状態で、手は下につけてOKです。お腹を引き込んだ状態をキープしてお尻を持ち上げていきます。この状態で20〜30秒キープ。

　肩から膝までが一直線になるようにお尻を持ち上げてキープするのがポイントです。お尻が下がったり、反りすぎたりしないようにしていきましょう。

頭から足まで一直線を保ち、肘で身体を支える

お尻が下がる

お尻を上げすぎる（反りすぎ）

☑ スタンスを広く、構えのCHECK!

　テニスでは動きながらバランスを保つ必要があり、そのためにはスタンスを広くした状態で動き続けるということがバランスをキープする上で重要です。どうしたらスタンスを広くした状態を一試合を通してキープできるのか。よくあるのが、プレー中にスタンスを広くするようにしたものの、だんだんとしんどくなり、練習後半もしくは試合後半になるとスタンスが狭くなり、結局バランスを崩してしまうというものです。

　これはスタンスが広いか狭いかだけの話ではなく、そもそもの構え方にポイントがあります。正しくは股関節を使って構えること（○）。この状態でスタンスを広く構えることができれば、もも裏やお尻の大きな筋肉が体重を受けるので、楽に構えることができます。

　ところが、膝を曲げることがメーンになり、身体が直立になったまま構える方がいます（×）。この姿勢では、もも前に体重がかかり、もも裏やお尻の筋肉が緩んでしまい動きの中で使いづらくなります。結果として体重がのるもも前がキツくなってきます。この姿勢を長時間続けることは難しく、もも前やふくらはぎがキツくなっていき、スタンスが狭くなり重心が上がってしまうという悪循環になってしまいます。

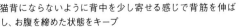

◎ 猫背にならないように背中を少し寄せる感じで背筋を伸ばし、お腹を締めた状態をキープ

× 太もも前やふくらはぎがきつい姿勢

テニスを行う上で、ボールが来る場所まで素早く走る、サイドステップやクロスオーバーステップなどを使って正確に移動をすることはとても重要です。移動には必ず股関節をはじめとする下半身の動きが入ります。ボールをラケットで打つスイング動作でも、下半身からの動きを、体幹部を通して上半身へと連動させていくことになります。

　テニスのプレーに重要な下半身の動きですが、体幹部の安定性が低いと下半身の動きにもっていかれるような形となり、体幹部のブレにつながることがあります。Vol.1では体幹部の安定性を高めるためのトレーニングを行いましたが、Vol.2では、体幹部の安定性を崩す要因の一つである下半身の動きを入れていきます。下半身の動きが入った中でも、体幹部がブレないよう安定した状態をキープできるように意識して行ってみてください。

Vol.

02

体幹キープ
➕
下半身の動き

プランク＋股関節外転

効果 下半身の動きが入ってもブレない体幹をつくる

　次は、基礎的な体幹の動きに股関節の動きを足していきます。実際のテニスの動きの中では、体幹の安定性をキープした状態で、股関節や肩関節をダイナミックに大きく使う必要があります。股関節の動きが入った中で体幹がブレてしまわないようにしっかりと姿勢をキープして、動作をしていきます。

　まずプランクの状態、肩の下に肘を置きます。この状態で片足を浮かせます。そしてサイドに、1、2、3というように足を開いていきます。脚の重さで体幹部が側方にねじれてしまったり、お尻が上がったり下がったりしないように姿勢をキープしたままで、10回動かしていきます。

　次に、逆サイドも同様に10回動かしていきます。

両ページの〇✕はトレーニング1、2共通

サイドに開閉

✓ 体幹部分をしっかり止めた状態で股関節のみ動かす

　体幹部分がブレてしまう要因の一つでもある、股関節の動きを入れた中でもしっかりと安定した状態をキープするというのがこのトレーニングの目的です。脚を横に広げたときにお腹の力が抜けてしまうと、脚の重さに持っていかれてしまうように体幹がブレて横に動いたりしてしまいます。お腹を締めて、体幹部分をしっかり止めた状態で股関節のみ動かしてるような意識で動作をするのがポイントです。

トレーニング 2

プランク＋股関節伸展

効果 **下半身の動きが入ってもブレない体幹をつくる**

　体幹部分の安定性をキープした上で、脚を上下に動かします。プランクの状態をつくり、片脚を浮かせて上下に動かしていきます。脚を上げたときにつられてお尻も上に上げてしまったり、腰が反ったりしないように。脚を浮かせたまま上下10回、左右行います。

お腹を締めて股関節を動かす

腰が反る

脚の重さで体幹が持っていかれて横にねじれてしまう

お腹に力が入っておらずお尻が上がったり下がったりする

サイドプランク＋股関節外転

効果 側方への体幹の安定性と股関節周辺の強化

　サイドプランクの姿勢で股関節を動かしていきます。肘を肩の下について、下の膝は90度でセットします。頭から膝までが一直線の状態。この状態で上の脚を持ち上げます。サイドに1、2、3と脚を開いていきます。左右各10回。

　その際、体幹部分が上下に動いたり、頭の位置が落ちたりしないようにキープをしたままでサイドに動かします。肩が前に出ないようにするのもポイントです。

体幹部分が上下に動いたり、頭の位置が落ちたりしないように

体幹部分の安定性をキープしたままで脚をサイドに動かす

サイドプランク＋股関節屈曲①

効果 側方への体幹の安定性と股関節周辺の強化

　サイドプランクの状態で股関節を前後に動かしていきます。

　サイドプランクの姿勢をとり、下の脚の膝を90度に曲げます。その状態から上の脚の膝も曲げ、その膝がヘソの前にくるところまで1回、2回、3回と股関節を動かしていきます。左右各10回。

　この動きにつられて体幹部分がいっしょに動いてしまわないように、キープした状態で動かしていきます。

脚の動きにつられて体幹部分がいっしょに動いてしまわないように

体幹部分の安定性をキープしたまま、脚をへその前まで引き上げて戻す

サイドプランク＋股関節屈曲②

効果 側方への体幹の安定性と股関節周辺の強化

　次は太ももの内側を使ったサイドプランクに股関節の運動を入れていきます。靴の内側で地面を押し込んで（エッジを立てて）身体を持ち上げます。この状態で下の脚の膝を曲げ、股関節を前後に1、2、3……と動かしていきましょう。

　股関節の動きにつられて体幹がいっしょに動いてしまわないように、体幹部分は安定させて、キープした状態で前後に動かします。肩が前に出たり、頭の位置が落ちたりしないように気をつけてください。

◎ 靴の内側で地面を押し込んで（エッジを立てて）身体を持ち上げる

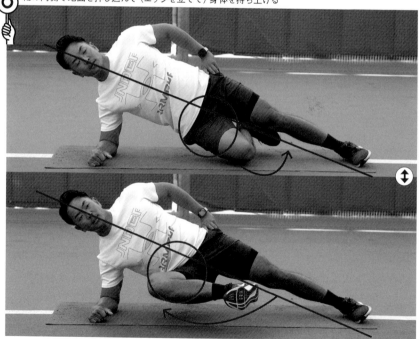

下の脚の膝を曲げ、股関節を前後に動かす

❌ 股関節の動きにつられて肩が前に出る

❌ 頭の位置が落ちる

◎ 体幹部分の安定性をキープしたままで股関節を前後に動かす

サイドプランク＋
股関節外転（強度高め）

効果 側方への体幹の安定性と股関節周辺の強化

　サイドプランクに股関節の運動を入れた種目で、もし強度が低いと感じる場合は、下の脚を伸ばして行うことで強度を上げることが可能です。肩の下に肘をつき、下の脚を伸ばします。この状態で上の脚を浮かせ、写真のように上下に動作をしていきます。

　股関節の動きにつられて体幹の横（サイド）が落ちてしまったり、肩が前に出たりしないように気をつけてください。

両ページの○✕はトレーニング6、7共通

体幹部分の安定性をキープしたままで股関節を上下に動かす

身体が前後に動いたり、体幹の横（サイド）が落ちたりしないようにしっかり持ち上げて行う

28

トレーニング
7
サイドプランク＋
股関節屈曲（強度高め）

効果 側方への体幹の安定性と股関節周辺の強化

　トレーニング6が上下の動作だったのに対して、トレーニング7では股関節を前後に動作していきます。肩の下に肘をつき、下の脚を伸ばします。身体を持ち上げてへその前に膝がくるところまで股関節を曲げていきます。そして戻します。左右各10回。

　股関節の動きにつられて身体が前後に動いたり、体幹の横（サイド）が下に落ちてしまわないように、身体を持ち上げたところで股関節の曲げ伸ばしをしていきます。

◎ 体幹部分の安定性をキープしたまま、膝がへその前までくるように股関節を曲げて、伸ばす

シングルレッグヒップリフト＋
股関節屈曲（強度高め）

効果 体幹の後方の安定性と股関節周辺の強化

　次にヒップリフトで股関節の運動を入れて強度を上げていきます。仰向けになり、膝を90度に曲げて、片方の膝を引き上げます。そうすると上げている脚の股関節前面に刺激が入り、その押し合いをキープした状態でお尻を上に上げて、下げる、上下の動作を行っていきます。左右各10回。

　よくないパターンとしては、上げている足のつま先、下についている足のつま先が落ちてしまって、足首に力が入っていない状態で行うと刺激が入りづらくなります。しっかりつま先を上に引き上げて、足首まで力を入れた状態で行ってください。

　それから、腰を上げた際に腰がサイドに動いてしまわないように、へその位置をまっすぐに上に向けたまま、上下に動かしていきます。

両手と膝で押し合う

両手と膝で押し合った状態でお尻をまっすぐ上に向かって上下させる

✅ 肩から支えている膝まで一直線を保つ

　上げている脚の股関節前面に刺激を入れながら、身体を支えている脚のお尻を
うまく使うためには、お尻を上げたときに肩から膝までを一直線にすることがポイン
トです。その状態で両手と膝で押し合いをしながら、上下動作を行っていきます。脚
がしっかり上がっていなかったり、あるいは上げすぎる（腰が反りすぎる）とお尻に
刺激が入りづらくなります。

◎ へそをまっすぐ
上に向けて、つ
ま先はしっかり
上に向けて足首
に力が入った状
態で上下に動作
する

❌ つま先が下に落ちている

❌ 腰がサイドに動いている

ラケットを持ってパワフルかつ安定したスイング動作を行うために
は、腰椎をはじめとする体幹部の安定性がとても重要になってきま
す。腰椎の土台の上に、胸椎をはじめとするダイナミックな身体の動
きを担う部分がのっているイメージです。ラケットのスイング動作などで
も、体幹部の力が抜けてしまうと身体のブレにつながり、下半身から
上半身へとつながる動きの連動もうまくいかなくなります。Vol.3では
体幹部の安定性を崩す要素として、上半身の動きを入れていきま
す。上半身の動きが入った中でも、体幹部がブレないよう安定した状
態をキープできるよう意識して行ってみてください。

Vol.

03

体幹キープ
➕
上半身の動き

トレーニング 1 腕立て伏せポジション ＋片手支持

効果 上半身の動きが入ってもブレない体幹をつくる

　腕立て伏せの状態をつくり、頭から足先まで一直線、足は肩幅でセットします。この状態で写真のように片手を浮かせて反対側の肩をタッチして1、2、3の3カウントをキープしたら、左右の手を入れ替え、2、2、3、というように左右交互に、3カウントキープを10回続けます。

　手を浮かせたときにいっしょに体幹部分が動いてしまわないように止めた状態で、また身体が反ってしまったり、お尻が上がらないように動作を行うのもポイントです。

手を浮かせても体幹部分をしっかり止める

手を浮かせたときに体幹部分が動かないように

片手を浮かせて反対側の肩をタッチ。1、2、3カウント数えたあと、次は逆の手

腕立て伏せポジション＋肩関節の動き（上・上・横・横・下・下）

効果 上半身の動きが入ってもブレない体幹をつくる

　腕立て伏せのポジションをとり、手の場所をずらしていく動作をしていきます。❶右手を前にずらして戻す、❷左手を前にずらして戻す、❸右手を横（右）にずらして戻す、❹左手を横（左）にずらし戻す、❺右手を後ろにずらして戻す、❻左手を後ろにずらして戻す、この動作を3〜5セット行っていきます。

　手の動作とともにお尻がサイドに動いてしまわないように体幹を止めた状態で動作を行うのがポイントです。慣れてくれば、手首にチューブを巻いて少し負荷を上げて行うことも可能です。

体幹を止めた状態で手の場所をずらす

基本姿勢

❸右手を右横
❶右手を前　❺右手を後ろ
❷左手を前　❻左手を後ろ
❹左手を左横

❶右手を前

36

❶から❻で3〜5セット行う

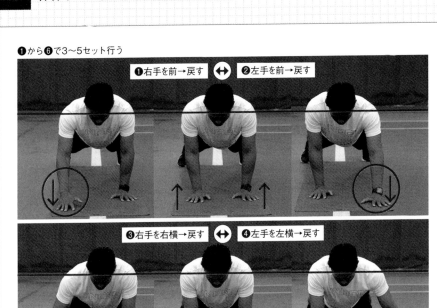

❶右手を前→戻す ↔ ❷左手を前→戻す

❸右手を右横→戻す ↔ ❹左手を左横→戻す

❺右手を後ろ→戻す ↔ ❻左手を後ろ→戻す

❌ 手の動作とともにお尻がサイドに動く

プランク＋上半身の運動

効果 **上半身の動きが入ってもブレない体幹をつくる**

　次に体幹の安定性をキープした状態での肘の曲げ伸ばしを入れていきます。肘の曲げ伸ばしが入ってもお腹の力が抜けてしまって、体幹部分がブレてしまわないように行うのがポイントです。

　プランクの状態（写真）をつくり、足を肩幅にセットします。この状態から❶右肘を伸ばす、❷左肘を伸ばす、❸右肘を曲げる、❹左肘を曲げるというように、肘の曲げ伸ばしを行います。3～5セット行っていきましょう。その際に、体幹部分が肩関節の動きにつられて横に動いてしまわないように止めたままの状態で行うのがポイントです。

◎ 体幹を止めた状態で肘の曲げ伸ばしを行う

両肘を曲げた状態からスタート

❶右肘を伸ばす

❷左肘を伸ばす

ここで両肘が伸びる

❸右肘を曲げる

❹左肘を曲げる
ここで両肘が曲がった状態に戻る

肩関節の動きにつられて体幹部分が横に動く

39

Vol.1では体幹部の安定性を高めるトレーニングを行い、それぞれVol.2とVol.3では下半身の動きと上半身の動きを入れてトレーニングを行ってきました。そして、Vol.4では上半身と下半身の動きを同時に入れて、その中で体幹部の高い安定性の獲得を目指していきます。

　下半身から体幹部、そして上半身へと続く動きのつながりは、たとえていうと水の流れのようなイメージです。ホースを使って水やりをしようとしているのをイメージしてみてください。もし、ホースに穴が空いてしまっていたらどうでしょうか？ すべての水を目的の場所まで運ぶことはできなくなります。テニスの動きに置き換えると、体幹部（ホース）はエネルギー（水）の通り道となる部分です。体幹部（ホース）が不安定になり穴の空いたような状態では、下半身から上半身へとつながる動きのエネルギーを余すことなく使うことができなくなります。上半身と下半身の動きが入った中でも、体幹部がブレないよう安定した状態をキープできるように意識して行ってみてください。

Vol.

04

体幹キープ

●

上半身&下半身
の動き

腕立て伏せポジション＋肩関節＆股関節の運動

効果 **上半身と下半身の動きが入ってもブレない体幹をつくる**

　体幹部分の安定性をキープしながらの股関節、肩関節の動きを入れた種目を行っていきます。股関節・肩関節の動きが入っても体幹部分がぶれてしまわないように行うのがポイントです。

　まず腕立て伏せのポジションをとります。その状態で片脚（写真は左脚）を浮かせ、浮かせた脚と逆側の片腕（写真は右腕）を前に伸ばし、両方（肘と膝）を近づけて、元の状態に伸ばしてキープします。左右各10回。

　その際、腰が反ってしまったり、お尻が上がってしまわないように、しっかり脚と腕が伸びたところをキープして動作をスタートします。

○✕はトレーニング1、2共通

◎ 頭から足先まで一直線に、体幹部分が動かないように

✕ 腰が反る

✕ お尻が上がる

片腕、片脚を伸ばして体幹部分の安定性をキープし、肘と膝を近づけたあと、元に戻す

サイドプランク＋
肩関節＆股関節の運動（肘、膝タッチ）

効果 上半身と下半身の動きが入ってもブレない体幹をつくる

　体幹部分の安定性をキープしながら股関節と肩関節の両方を動かし、その中で体幹部分の安定性をキープするためのトレーニングです。

　まず、サイドプランクの状態をつくります。下の腕の肘を曲げて肩の下につき、身体を支えます。上の腕を頭の上に伸ばしつつ、上の脚を浮かせてください。この状態から、上の腕と上の脚の曲げ伸ばしを行っていきます。肘と膝を曲げてタッチし、その後、しっかりと伸ばします。この動作を繰り返します。左右各10回。

　体側が下に落ちたり、身体が前後に動いてしまわないように、体幹を止めて動作する＝1回ごとにしっかり伸びることを意識しましょう。

体側が下に落ちる

身体が前後に動く

体幹部分の安定性をキープして動作する

肘と膝をタッチ

しっかり伸びる

サイドプランク＋肩関節＆股関節の運動（肘、膝クロスタッチ）

トレーニング 3

効果 上半身と下半身の動きが入ってもブレない体幹をつくる

　太ももの内側を使ったプランクに、肩関節、股関節の動きを入れていきます。

　サイドプランクの状態をつくります。下の腕の肘を曲げて肩の下につき、身体を支えます。上の脚で地面を支えるように靴の内側を立てて、上の腕を伸ばします。この状態から、上の腕の肘と下の脚の膝を曲げてタッチし、その後、しっかりと伸ばして元の姿勢に戻します。この動作を繰り返します。左右各10回。

　股関節と肩関節の動きが入った際に、体幹がサイドに回ってしまったり、肘と膝を近づけたときに体側が下に落ちないように、体幹部分を止めて肘と膝を近づけます。

頭を下げる

体幹がサイドに回る　　体側が下に落ちる

体幹部分を止めて肘と膝を近づける

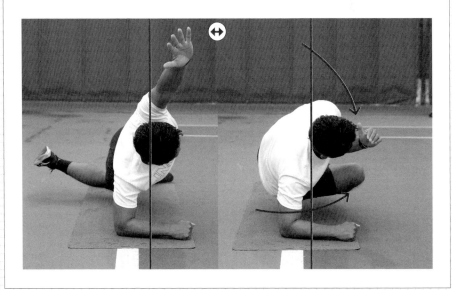

サイドプランク＋肩関節＆股関節の運動（リーチを伸ばす）

効果 体幹の安定性をキープしながら重心を移動させる感覚を鍛える

　体幹の安定性をキープしながら股関節、肩関節の動きを入れたトレーニング。今度は腕のリーチを伸ばしていきます。横向きになり、下の腕の肘を曲げて肩の下につき、下の脚の膝を90度に曲げて身体を支えます。そして上の脚を持ち上げてください。ギリギリのボールに手を伸ばしていくイメージで、上の腕をできるだけ前方へ伸ばし、同じく上の脚は後ろへ伸ばします。腕はできるだけ遠くのものを取りにいくイメージで、この状態で3カウントを数えてから戻します。3カウントで1セット×10回を左右行います。

　伸ばした手の位置が下になったり、身体が回ってしまわないように、手はまっすぐ前方に伸ばし、脚はまっすぐ後方に伸ばす状態をつくります。

❌ 伸ばした手の位置が下で、身体が回る

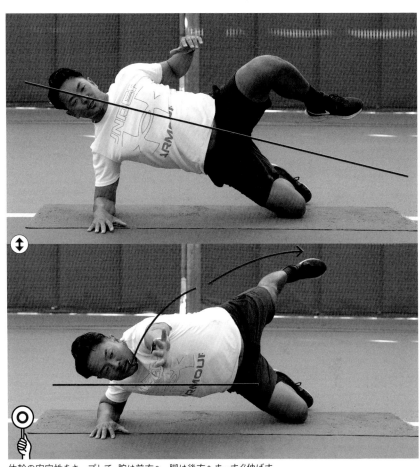

体幹の安定性をキープして、腕は前方へ、脚は後方へまっすぐ伸ばす

身体の中の関節には大きく分けて2つの役割があります。Vol.1で
も少し説明をしましたが、体幹部の腰椎には安定（スタビリティ）の役
割があり、胸椎には動き（モビリティ）の役割があります。Vol.2〜4で
は体幹をキープした上で肩関節と股関節の動きを入れてトレーニング
を行いましたが、肩関節と股関節は動きの役割を持つ関節です。体幹
トレーニングをテニスの動きにつなげるためには、安定させる関節と動
かす関節のメリハリをつけて動作を行うことが重要です。

　Vol.5では、腰椎を安定させるためにお腹を締める感覚をキープし
た上で、動きの役割をもつ胸椎、肩関節、股関節を動かして動きをつ
くっていきます。安定させる関節と動かす関節のバランスがとれると、
動作を力みなく行うことができるようになり、この感覚はテニスの動き
へとつながっていきます。

モデル◎羽澤慎治

Vol.

05

体幹の
連動性を高める
トレーニング

揺らぎ運動（肘、膝タッチ）

効果 体幹部を締めて動きを起こす感覚を鍛える

　次にお腹を締めた状態で股関節まわり、肩まわりの自由度を高めて、できるだけ大きな動きを生み出すためのトレーニングを行っていきます。まず仰向けに寝て、指先は頭の横に添え、肘と膝をタッチ。その状態で後ろに転がり、すぐに起き上がって両足を地面すれすれのところで止めます。後ろに転がる、起き上がって止める、というように続けていきます。10回。

　動き出しで勢いをつけて上がったりしないように、肘と膝をタッチした状態で転がって、起き上がったら止める、この動作をコントロールしてください。

◎ 指先は頭の横に添え、肘と膝をタッチ。この状態から後ろに転がる

↔

後ろに転がり、起き上がって止める

肘と膝が離れている

勢いをつけて起き上がる

一気に起き上がってかかとをつく

揺らぎ運動で回転

効果 体幹部を締めることで動きを連動させる感覚を養う

　トレーニング1で行ったお尻と背中を使った揺らぎの運動に、横方向の回旋を入れていきます。揺らぎの運動に肩まわり、股関節まわりの動きを入れて、全身で360度回っていきます。肩まわり、股関節まわりはできるだけ力を抜いた状態で動きを起こしてください。

　上半身に力が入ると動きが硬くなって、1回に進む距離が短くなります。できるだけ上半身の力を抜いて揺らぎを大きくするのがポイントです。そうして1回の揺らぎで進む幅を大きくしていくとトレーニング効果も上がっていきます。

肩まわり、股関節まわりの力を抜いた状態で、1回の揺らぎで大きく進もう（回転）

54

力を入れて回ろうとすると、1回の揺らぎで進む距離が短くなる

揺らぎ運動で横移動

効果 体幹部を締めることで動きを連動させる感覚を養う

　トレーニング3でお尻と背中を使った揺らぎの運動で回転したのに続いて、今度はマット幅を横に移動していきます。マットの端に座り、お尻と背中を使った揺らぎ運動を横方向の移動へとつなげていきます。マットの幅分、移動をしたら折り返して戻ります。

　上半身に力が入ると動きが硬くなって、1回に進む距離が短くなります。できるだけ上半身の力を抜いて揺らぎを大きくするのがポイントです。お腹を締めた状態で肩まわり、股関節まわりは柔らかく使って動きを起こしていくのがポイントです。

肩まわり、股関節まわりの力を抜いた状態で揺らぎを起こし、横方向へ移動

上半身に力が入ると、1回の揺らぎで進む距離が短くなる

4 揺らぎ運動（うつ伏せ）で回転

効果 体幹部と身体の背面の筋群を連動させる

　次はうつ伏せになり、胸と腿を交互に引き上げることでの揺らぎに横方向の動きを入れ、回転運動に変えていきます。スタートは胸と腿を交互に引き上げる運動です。その状態から側屈を入れて、身体を回していきます。

　注意点としては、胸と腿が同時に上がってしまうと回転ができません。また、胸と腿を交互に引き上げて揺らぎは起こせても、横方向への側屈の動きを入れないと回転は起こりづらくなります。

◎ 胸と腿を交互に引き上げ、揺らぎを大きく起こして横方向への側屈を入れる

胸と腿を同時に上げると回転運動につなげられない

胸と腿を交互に引き上げることでの揺らぎに横方向の動きを入れ、回転運動に変える

トレーニング **5** 体幹トレーニング
──メディシンボールツイスト

効果 **体幹部分と腕を同時に使うユニットターンの感覚獲得**

　メディシンボールを使った体幹トレーニングです。膝を曲げて座り、メディシンボールを両手で持ちます。お腹を締めた状態をキープしたまま両足を上げて、メディシンボールを持った腕は前方に伸ばして、胸から大きく左右にひねります。左右10回。

　腕を伸ばして体幹部分をひねると、ここまでしかひねれないという胸の可動域のポイントがわかります。そのポイントまで左右にひねっていきます（ユニットターン）。逆に腕を曲げて行うと、体幹部分と腕が分離した動きになってしまいます（セパレートターン）。ここでは腕を伸ばした状態で、体幹部分と腕を同時に使うユニットターンを意識してトレーニングを行うようにします。

膝を曲げて座り、足を上げる。メディシンボールを持った腕を前に伸ばし、
お腹を締めた状態で左右に身体をひねる

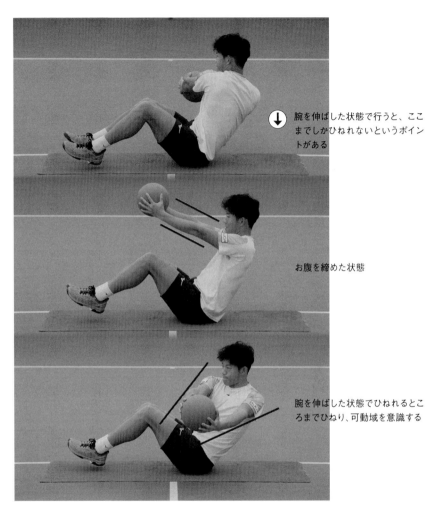

腕を伸ばした状態で行うと、ここまでしかひねれないというポイントがある

お腹を締めた状態

腕を伸ばした状態でひねれるところまでひねり、可動域を意識する

 肘を曲げると体幹部分と腕が分離した動き(セパレートターン)となるため、ここでは腕を伸ばして胸でひねり動作を行う(ユニットターン)

体幹トレーニング
──メディシンボール キャッチ&スロー（サイド）

効果 **ユニットターンからのスイング動作の強化**

　トレーニング5の続きです。同じ姿勢で両腕を伸ばし、お腹を締めた状態で、胸の部分のひねり動作（ユニットターン）を行いますが、そこにメディシンボールのキャッチ&スローを入れて素早い動きを加えて行います。

　プレーヤーは足を上げて座った状態で待ち、パートナーが横からメディシンボールを投げ入れます。プレーヤーはそのボールをできるだけ身体から離したところでキャッチして、大きな半円を描きながら体幹部分のひねり戻しを使って投げ返します。各サイド10回で両サイド行います。肘を曲げて身体に近いところでボールをキャッチしたり、身体に近いところで投げ返すのではなく、腕を伸ばしてできるだけ大きな半円を描くように心がけることで、胸を大きく使って可動域を広げつつ、素早いスイング動作をトレーニングします。

プレーヤーは足を上げて座った状態で腕を伸ばして待ち、
パートナーは横からメディシンボールを投げ入れる

腕を伸ばし、できるだけ身体から離したと
ころでボールをキャッチして胸をひねる

大きくひねり戻して
ボールを投げ返す

身体からボールを離して大きな半円を描
きながら投げ返す

身体にボールを近づけて肘を曲げて投げ
返す

体幹トレーニング
──メディシンボール
キャッチ＆スロー（オーバーヘッド）

効果 **オーバーヘッド動作の運動連鎖&パワーの強化**

　トレーニング5、6の続きです。今度はオーバーヘッドスロー（頭上からのスローイング）を行います。プレーヤーは膝を曲げて座り、お腹を締めた状態をキープしたまま、パートナーが正面から投げてくるメディシンボールを顔の前でキャッチし、そのまま両腕を後ろに振りかぶるように頭上に上げます。その際にお尻を上げ、続いて素早くお尻を引き下げることで身体を起こして、前にいるパートナーにボールを投げ返します。10回。

　腕でボールを投げる感覚ではなく、両腕を頭上に上げて後ろに寝たときにお尻を引き上げ、投げたい方向（前方）に向かって身体を起こしてくるエネルギーを使ってオーバーヘッドスローを行います。サービスやスマッシュでは下半身から上半身へエネルギーを伝えますが、同じように肩から先を動かすというより、身体の大きなところを使って最終的に身体の末端部分を加速させる感覚です。

お腹を締めた状態をキープする

パートナーが正面から投げてくるメディシンボールを顔の前でキャッチし、
そのまま両腕を後ろに振りかぶるように頭上に上げる

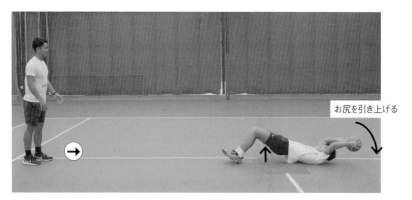

お尻を引き上げる

お尻を引き下げることで身体を起こして、
前にいるパートナーにボールを投げ返す

サービス動作に必要な可動域を広げるためのコンディション、動きづくりのためのトレーニングを紹介していきます。可動域は飛行機にたとえると滑走路の距離にあたります。滑走路が短ければ、十分な加速を得ることができず空に飛び立つことができなくなってしまいます。動きの中でも、可動域を広く保ち、下半身から上半身へと続く加速の距離を確保していきましょう。

　トレーニングでは、動きの連動性を高めることで肩や腕といった小さな部位ではなく、下半身や体幹部といった大きな部位を使ってラケットを加速してくことを目指していきます。ラケットはがんばって腕で振るものではなく、動きのつながりによって自然と加速していくもの、という感覚が重要です。そのためには、下半身から上半身への動きのつながりを生むこと、運動の方向を知ること、動きのイメージを持つことが大切になってきます。段階的にトレーニングを行っていきましょう。

モデル◎仁木拓人

Vol.

06

サービスの
コンディショニング&
トレーニング

✓ 4種目共通の基本姿勢

　ここから肩関節のコンディショニングを4種目紹介していきます。はじめに基本姿勢を説明しておきます。うつ伏せになり、お腹と地面との間に手のひら1枚分の隙間をつくりましょう。隙間はお腹を引き上げてつくります。こうして体幹部分を安定させて、胸から身体を起こすようにします。はじめにお腹の部分が潰れていると、身体を起こす際に腹圧が抜けてしまい腰を反ってしまいます。ここからのトレーニングは、腰ではなく胸から身体を起こします。腰を反ってしまわないようにするために、最初の基本姿勢に注意してください。

〇✕はトレーニング1〜5共通（トレーニング4は胸をつけたまま行う）

お腹を引き上げて手のひら1枚分の隙間をつくり、この状態から胸を起こす

目線は斜め下向き

目線が前を向くと首が反ってしまう

お腹の部分が潰れていると腰を反って身体を起こすことになる

肩関節周辺の強化①
肩を下げた状態

効果　腹圧を高めた状態で胸の反りをつくる&肩関節周辺の強化

　うつ伏せになり、お腹と地面との間に手のひら1枚分の隙間が空くようにお腹を引き上げます。両腕を身体の横に伸ばし、手のひらは内側向きです。アルファベットのAのような形です。そこから（肩甲骨を身体の中央に寄せるようなイメージで）親指が上を向くように手のひらを外側に向け、胸を起こします。3カウント数えたら元に戻します。これを10回。

　お腹が潰れた状態で行うと胸ではなく腰を反ることになり、体幹部分の安定性が低下してしまいます。また胸を起こす際に目線を前に向けると首が反ってしまうため、目線は斜め下向きです。

両腕を身体の横に伸ばし、親指は下向き

親指が上を向くように胸を起こす。目線は斜め下

肩の動きをクローズアップ

胸を起こす（肩甲骨を中央に寄せるイメージ）

首に力が入り肩
甲骨が上がる

肩関節周辺の強化②
腕を肩の高さで上げる

効果 **腹圧を高めた状態で胸の反りをつくる&肩関節周辺の強化**

　うつ伏せになり、お腹と地面との間に手のひら1枚分の隙間が空くようにお腹を引き上げます。両腕を肩の高さに合わせて親指を上向きにします。アルファベットのTのような形です。そこから背中を締めながら（肩甲骨を身体の中央に寄せるイメージで）3カウントで胸を起こし、元に戻します。これを10回。

肩関節周辺の強化③
腕を頭上に上げる

効果 **腹圧を高めた状態で胸の反りをつくる&肩関節周辺の強化**

　うつ伏せになり、お腹と地面との間に手のひら1枚分の隙間が空くようにお腹を引き上げます。両腕は頭上に上げて親指を上向きにします。アルファベットのY字のような形です。そこから3カウントで胸を起こして両腕を上げて、元に戻します。これを10回。

両腕を頭上に上げて、親指は上向き

胸を起こして両腕を上げる。目線は斜め下向き

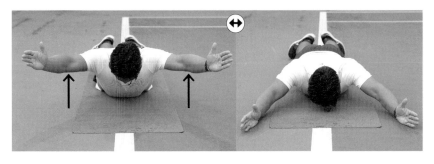

トレーニング **4** 肩関節周辺の強化④
手の甲を腰から浮かせる

効果 腹圧を高めた状態での肩関節周辺の強化

　うつ伏せになり、お腹と地面との間に手のひら1枚分の隙間が空くようにお腹を引き上げます。この種目は胸をつけた状態で行います。手の甲を腰に当て、そのまま手の甲を腰から持ち上げて（上に引き上げて）3カウント数え、元に戻します。これを10回。

手の甲を3秒間持ち上げる

テニスボールを腰の後ろで受け渡し、肩を大きく動かす

効果 腹圧を高めた状態で胸の反りをつくる&肩関節周辺の強化

うつ伏せになり（左ページ）、お腹と地面との間に手のひら1枚分の隙間が空くようにお腹を引き上げます。片手にテニスボールを持ち両腕を頭上に伸ばし、胸を起こします。そして、両腕を腰まで下ろして肘を軽く曲げ、腰の後ろでテニスボールをもう片方の手に渡します。同じ動作を10回繰り返します。右回り、左回り、どちらも行います。できるだけ大きく肩を動かしましょう。

目線は斜め下向き。前に向けると首が反ってしまうので注意してください。また、胸が起きていないと手を動かす高さが低くなってしまいますので、お腹と地面との隙間を維持できる範囲で胸を起こし、その姿勢を維持したまま地面から手を離してボールの受け渡しを行いましょう。

肩の動きをクローズアップ

この写真は時計と逆回りでボールを受け渡している

この写真は時計回りでボールを受け渡している

胸を起こして、地面から手を離した状態で大きく肩を回してボールを受け渡す

手の高さが低くなると肩や胸を大きく動かせないので注意

プランクから
股関節を曲げて肩入れ

効果 肩甲骨周辺の安定性強化

　両肘を地面に着き、肩幅に足を開いてプランクの状態をつくります。そしてお腹を締めて、そこから股関節を曲げてお尻を高く持ち上げ、肘で地面を押し込んでいくイメージで両腕の間に頭を入れていくようにします。この種目で肩甲骨周辺の安定性を高めていきます。3カウント数えたら元に戻ります。10回

プランク姿勢をつくり（これまで行ってきたように）お腹を引き上げる

股関節を曲げ、両腕の間に頭を入れていく。地面を押し込んでいくイメージ

プランクの姿勢に戻る

トレーニング 7 メディシンボールを肘で支えて遠くにリーチする

効果 肩甲骨周辺の安定性強化

　肘と肘でメディシンボールを支えて脇を絞め、その状態から肘を前方遠く（上）へ持ち上げます。3カウント数えたら元のポジションへ戻します。ここまで行ってきたお腹を締めることを忘れないでください。10回。

肘を前方遠く（上）へ持ち上げ、3カウントキープ　　　脇を締めて肘でメディシンボールを支える

✓ サービスのためのストレッチ＆筋力トレーニング

　サービス強化に直接結びつくストレッチと筋力トレーニングです。まずは柔軟性を高めるストレッチから始めます。下半身から上半身への連動、下から上へエネルギーが伝わっていくときに身体は弓形になりますが、股関節の前面を伸ばし、胸を開いて、反りを出します（写真参照）。つりざおのような形です。身体をしならせたら、最終的にはしなりを戻して腕を加速します。

　股関節や胸椎が硬いとしなりが生まれにくく、さらに両者に挟まれた部分「腰」に負荷がかかり、身体を反らせたときに腹筋を肉離れするなどケガをする可能性も出てきます。ですから胸椎や股関節周りのストレッチをしっかりやっておきましょう。身体の大きな範囲を使うことで加速ができ、なおかつケガ予防にもなります。

ストレッチ　1　股関節伸展
股関節の前面の可動域を広げる

　片足を地面につけて膝立ちし、両腕を上に伸ばします。へそを突き出すようにお腹を締めた状態で身体を反らしながら、前足側へ傾けます。この状態で股関節の前面が伸びているのを感じてください。大きな呼吸を続けて、20〜30秒。

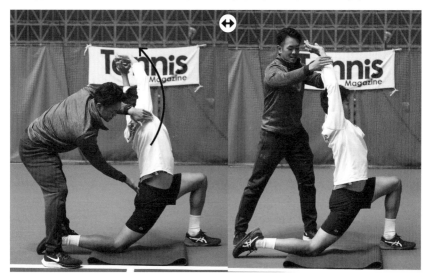

前足側へ身体を傾ける　　　　　　　　　　身体を起こして弓形の状態に

ストレッチ 2

胸椎回旋
胸椎の回旋可動域を広げる

　次に胸椎の可動域を広げます。マットに寝て横向きになり、上の膝を曲げて膝の内側を地面につけます。下の手で膝を押さえ、浮かないようにします。上の手は頭の後ろへ当て、肘が顔の前にくるようにし、そこから3カウント（1、2、3）で大きく息を吐きながら胸（胸椎）を開きます。肘を目で追いかけるようにします。10回。

　日本語には「腰をひねる」という表現があって、腰（腰椎）を左右にひねってプレーしていると感じている方が多いと思います。しかし実際には胸（胸椎）で大きなひねりの可動域を出しています。胸椎部分が硬いと腰椎部分にもストレスが加わってしまうばかりか、可動域が狭くなって大きなパワーが生み出せません。

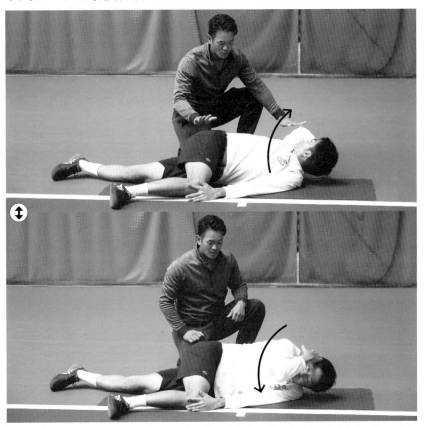

肘を目で追いかけながら、3カウント（1、2、3）で大きく息を吐いて胸椎を開く。開いたらゆっくりと戻す

ストレッチ 3

胸椎伸展
胸椎の伸展可動域を広げる

ストレッチ2に続いて、次は反り方向のストレッチです。膝を立てて仰向けになり、肩甲骨の下あたりにメディシンボール（なければ枕など）を当てます。そこから目線を上向きに、両肘を地面に近づけるようにして3カウントで胸を開いて背中を反り、その後、身体を起こして丸まります。10回。

両肘を地面に
近づけていき、
胸を大きく開く

ストレッチ 4

肩入れ&胸起こし
肩関節周辺・股関節周辺の可動域を広げる

四つん這いで両手を遠くに伸ばします。お尻をかかとへ、胸を地面に近づけて、呼吸は止めずにこの状態を20〜30秒キープします。次に身体を起こし、お腹を地面に近づけて肩甲骨を後ろで寄せて20〜30秒キープします。両方終わったら今度は交互に、それぞれ3カウントずつで連続して行います。往復5回。

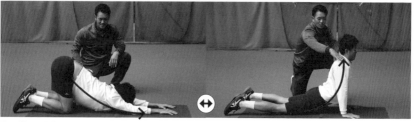

胸を地面に近づける　　　　　　　　　　お腹を地面に近づける

ストレッチ 5	# ブリッジ 反り動作に必要な全身の可動域を広げる

　股関節、体幹、胸椎、肩関節を複合的にストレッチします。仰向けに寝て、手は頭の位置へついて、お腹を引き上げます。股関節、胸椎、肩関節を伸ばしてアーチ（橋型）をつくります。10秒キープ。

腹を高く引き上げてアーチをつくる

☑ 肩関節、股関節が上がらない場合

　肩関節や股関節が硬いと反り方向への可動域が狭くなります。肩関節が硬い人は肩入れ＆胸起こしのストレッチ4を、股関節が硬い人は股関節伸展のストレッチ1を多くやるようにしましょう。

トレーニング **8** プルオーバー

効果 サービスの加速に必要な筋力強化

ベンチに仰向けに寝ます。ダンベル（仁木選手は通常15kgを使用）の端を両手で持ちます。ダンベルは頭から遠いところへ3カウントかけて下ろし、そこから目線の先まで素早く持ち上げます。脇の部分がストレッチされるのを感じながら下ろしてください。10回。加速に必要な筋力を鍛えることができます。

一般の方は、10回を余裕を持って行える重さのダンベルからスタート

トレーニング **9** 反動を使ってのプルオーバー

効果 体幹部分から上半身への動きの連動強化

トレーニング8のプルオーバーに少し反動をつけます。ベンチに仰向けに寝て、両足をベンチにのせます。軽めのダンベル（仁木選手は通常5kgを使用）の端を両手で持ち、頭から遠いところへ落とします。その際、お尻を持ち上げ、お尻を下に下げるときの反動を使って、目線の先までできるだけ早く持ち上げます。10回。

ダンベルを持ち上げるときに、お尻の上げ下げで反動をつける

トレーニング 10 反動を使ってのメディシンボールオーバーヘッドトス

効果 体幹部分から上半身への動きの連動強化

　トレーニング9の反動を使ったプルオーバーから、今度はもう少しスピードを加え、体幹部分から上半身への連動を意識します。2人1組になり、プレーヤーは仰向けに寝ます。パートナーはメディシンボールを持ち、プレーヤーの足の上に自分の足をのせて押さえます。プレーヤーは起き上がった状態で両手を伸ばして待ち、パートナーはプレーヤーの頭上にある手に向かってメディシンボールをトスします。プレーヤーはメディシンボールをキャッチして地面まで倒れていき、腕を頭上に伸ばします。その際、お尻を上げて下げる、反動を使って起き上がります。10回。

お尻が上がらず腹筋の力だけで上がっている。反動が使えておらず加速しない。ボールの受け渡し位置も低い

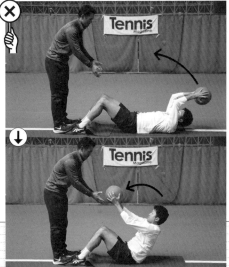

お尻を上げて下げて、反動で起き上がっている。できるだけ高い位置でボールの受け渡しを行う

メディシンボール
オーバーヘッドスロー（シッティングポジション）

効果 **体幹部分から上半身への動きの連動を加速につなげる**

　運動伝達に徐々に加速を加えていきます。2人1組でメディシンボールを使います。パートナーとプレーヤーは距離を広げ、トレーニング10とほとんど同じ動きをします。お尻を上げた状態から、引き下げたときの反動を利用して動作を加速していきます。10回。

ボールが頭上にきたときにお尻を上げて、下げるときの反動で起き上がる

上達に応じて、バランスボールの重さをアレンジする

トレーニング 12 メディシンボール オーバーヘッドスロー（ニーリングポジション）

効果 下半身から上半身への動きの連動を加速につなげる

　徐々に動員する関節を増やしていきましょう。膝立ちの状態でメディシンボールを受けますが、そのとき身体をつりざおのようにしならせます。このしなりを戻して、真下にボールを叩きつけます。ここで出したい動きは、腕だけで叩きつけることではなく、身体を反らせてアーチをつくった状態から真下へボールを投げる、しなり動作（反動）です。10回。

プレーヤーは膝立ちし、両手を高く上げる。パートナーはプレーヤーの斜め前に座って、両手に向かってボールを出す

トレーニング 13 ワカメ運動

効果 下半身から上半身の動きの連動を反り動作へつなげる

　立った状態で行います。下半身から上半身への連動でエネルギーを伝達していくことと、肩の外旋を引き出します。1kgのダンベルを2つ用意（500mgのペットボトルでも代用可）して、左右の手でダンベルの端を持ちます。下に垂らして膝を緩めた状態からスタートして、腕を前回ししていきます。10回。続ける中で身体を大きく弓形にしならせていきましょう。

サービスでジャンプしてボールを打つ局面では、身体が弓形にしなり、上に上がっていく。その中で肩が外旋して、腕が前に送り出される

メディシンボール
オーバーヘッドスロー
（スタンディングポジション）

効果 下半身から上半身への動きの連動を反り動作（しなり）からの加速につなげる

　下半身から上半身へエネルギーを伝達する中で、メディシンボールを投げていきます。膝を緩めて立ち、メディシンボールをキャッチしたところから全身を使い、身体をしならせて弓形となり、ボールを下から上へ反動を使って持ち上げてパートナーに投げ返します。ボールを押さえ込むように出力します。10回

身体を弓形に、しなりを使って全身でボールを下から上へ持ち上げて投げる

☑ 肩のゼロポジション

　肩関節のバランスがもっとも良いポジションを「ゼロポジション」と言います。その場所は、次のようにやるとわかります。頭の後ろに右手のひらをつけてください。そこから右肘が90度の角度になるところまで解放します。そこが「ゼロポジション」です。

ゼロポジションはココ。頭の後ろに手のひらをつけ、そこから肘が90度になるところまで解放する。さらに肘を伸ばす

肘を伸ばす（伸びる）

肘は90度

✕ 腕が耳に近い。腕を頭の上に上げると思っている人は肩のポジションが窮屈になる

メディシンボール オーバーヘッドスロー（片手）

効果 胸部・体幹部分の伸張反射を使った加速に必要な動きづくり

　続いて片手でメディシンボールスローを行います。プレーヤーは右足を一歩前に出し、右手を頭上に伸ばします。パートナーはその右手に向かってボールを投げ入れ、プレーヤーはそのボールをキャッチしながらエネルギーを吸収し、続いて反動を使って左足を一歩前に出しながらボールを投げ返します。10回。

右足前、右手上。手は固めすぎず、柔らかく構えておいてボールのエネルギーを吸収する

ボールのエネルギーを吸収してプレストレッチを使い、左足を前に出しながら投げ返す

スティック（長い棒）スイング

効果 　**左右の肩を縦に入れ替える動きづくり（ショルダーオーバーショルダー）**

棒にチューブが付いた器具を使い（または長い棒を持つだけでもOK）、トレーニング15に似た動きをします。右脚を曲げて右肩を落とし、右足で地面を蹴って身体を持ち上げます。右足から右腕まで運動のつながりを感じながら行いましょう。10回。

右足で地面を蹴って身体を持ち上げ、右肩・右腕を上げる。右肩、右腕と左肩、左腕を入れ替える（肩のゼロポジション参照）

身体が横に回ると腕が上に上がらない。身体が横に回ると身体（胸）が前を向いて腕が低く振り出される。サービスを真っすぐ前に振るイメージを持っているとなりやすい

チューブを使った サービススイング

効果 **サービス動作の連動性を高める&動きのリズムづくり**

　ここまで行ってきた各トレーニングは少しずつ重なって、サービスの運動連鎖となっていきます。動作を連動させ、より大きくしていくために、ここではチューブを利き手で握ってサービスの素振りを行います。スイングは止めずに続けて振ってください。下半身から上半身への運動の伝達、身体のしなりを意識しましょう。10回

右足を蹴り出して下から上に上がるときに肩関節の外旋が起きる

アメリカンフットボールスロー

効果 サービス動作での腕の通り道を知る（ゼロポジション・肩甲骨面）

　もうひとつ上半身の回旋運動のトレーニングを紹介します。小さいアメリカンフットボールを遠投します。楕円形のボールは、ボールの端を持って腕を斜め（肩甲骨面の延長30度）に抜いて振っていくときれいにドリル回転します。手でボールを前に押し出したり、肩を横に回したりすると、ボールを狙ったところに正確に飛ばすことは難しくなります。

　写真のようにプレーヤーは斜め45度の姿勢で構え、パートナーには胸が向いている方向に立ってもらいます。パートナーに向かってボールを投げるときは上半身の回旋運動を行いますが、そうすると腕は○の方向に抜くことになります。腕を振る方向とボールが飛ぶ方向はズレることを覚えておきましょう。慣れてきたら身体向きを徐々にサービスに近づけていきます。10回

肩甲骨面の延長30度

腕を振る方向　　ボールが飛ぶ方向

アメリカンフットボールを投げると、腕を振る方向とボールが飛ぶ方向のズレがわかりやすい

足を固定して、上半身の回旋運動をトレーニング

スタンスを徐々にクローズドスタンスにする。斜め方向に腕を抜く（振る）とボールがきれいにドリル回転して飛んでいく

横山トレーナー×仁木拓人選手
──サービストレーニングについて

「胸から先が全部腕くらいのつもりで一体で大きく振り、最後にボールに全身の力を伝えたいと思っています」（仁木）

聞き手◎テニスマガジン編集部

──サービスに特化したトレーニングの質など、変化を感じたとすればいつ頃からでしょうか？

横山 これまではウエートトレーニングの中でサービスに近い動き、プルオーバーやメディシンボールの叩きつけなどをやることはありましたが、コート上でサービスにつながるトレーニングをして、すぐにサービスを打って、またトレーニングして、サービスを打ってというクロストレーニングを始めたのは2020年の中盤くらいからです。それまではある一定時期に行うことはありましたが、継続的に行う

──サービスに特化したトレーニングはいつ頃から始めて、具体的にサービスの質など、変化を感じたとすればいつ頃からでしょうか？

ってきたのは初めてです。

仁木 サービスに特化したトレーニングの中でも、バーなどの用具を使ったり、ウエートを行ったり、ラケットより重いものを動かすトレーニングを行うことが、全身の力を使ってパワーを出すことにつながると思っています。手先で打つより、全身の力でボールを打つほうが、よりスピードが出たり、回転量が上がったりすると思うので、そういったものが長い試合になっても継続的に良いサービスが打てることにつながっていくのではないかと思っています。

——課題を横山トレーナーにリクエストしますか？

仁木 僕は肩より先の、手先を調節することが多く、全身の力を使うイメージがあまりありません。そこで、なるべく全身の力を使いたいと、特に下半身からの力を上半身につないで、胸から先が全部腕くらいのつもりで一体で大きく腕を振り、最後にボールに全身の力を伝えたいというリクエストをしました。それがうまくいけば今より速度が出ると思いました。

——普段のサービスの練習やトレーニング時間は全体のどれくらいの割合ですか？

仁木 基礎的なところからやるとかなり長くなります。僕は午前と午後に練習をしますが、午前中にストロークやネットプレーをすると、お昼を挟んで、午後は身体の連動のためのトレーニングなども含めてサービスを1時間半くらい練習することもあります。

す。そのまま練習を終えてジムに行くときもあります。サービスは試合結果に直結するものなので、テニスにおいて大きなウエートを占めるものです。ですから自分の武器として使えるようにするため、時間を確保するようにしています。

——全身の連動を意識したことで、（以前意識していたという）上半身や手先への意識は変わりましたか？

仁木 僕は以前、細かい関節や身体の先で打ったほうが回転がかかるフィーリングがあって、速度も出ているような気がしていたんです。でも、全身から力を伝えようと意識すると、そのサービスはバウンド後に伸びたり、ボールが潰れる音がしたり、意識も感覚も変わりました。そのときどこに力が入っていたかと言えば、手先にはほとんど力が入っていなくて、身体の中心部分から力が伝わってきている感覚がありました。

サービスの加速①
メディシンボールを使って体重移動と反り動作（片膝立ち）

| 効果 | **サービスの加速に必要な動作の獲得** |

　ここからの種目はメディシンボール（1kgまたは2kg）と壁を使って、サービスの加速を引き出していきます。まず2kgのメディシンボールを使います。壁に向かってボールを投げて、跳ね返ったボールをキャッチして、また投げ返す動きをしていきますが、動き出しではボールを持った両手を下に下げておいてください。そうすると股関節が曲がった状態となり、身体を起こすための予備動作になります。

　股関節を曲げた予備動作から、膝を前方に出しながら身体を起こしてボールを頭上に上げ、身体の反り戻しを使って、オーバーヘッドスローでボールを壁に向かって投げます。跳ね返ったボールをキャッチして、ふたたび同じ動作で、10回繰り返します。

　身体を自分から反りにいくというのでなく、膝が前方に移動することで結果として反りのポジションに入るというのがポイントです。

動き出しをクローズアップ

動き出しはボールを持った手を下げて構える

股関節を曲げた予備動作から、膝を前方に移動させて身体の反りをつくる

オーバーヘッドスローでメディシンボールを壁に向かって投げる

膝を前方に出して身体を起こし、オーバーヘッドスロー

体重移動の際は、後ろの脚のお尻を前方に押し出す

膝の真下にくるぶしがくるように足をセットし、膝を前方に移動させて身体の反りをつくる

上半身に注目。膝を送り出すことで自然と身体が反り、肩が内旋→外旋に切り替わる

✓ ここからの種目はすべて斜め上方向に動作する

　ここからの種目は、これまで行ってきた股関節の屈曲運動にひねり運動を入れ、屈曲から伸展に続く運動の中でサービスの加速を目指していきます。運動のはじめに股関節が曲がっていないと、さらに上体のひねりがないと加速のためのエネルギーはつくりづらくなります。

　さて、ここからの運動はサービスに近づけて斜め上方向を向いて行います。なぜ斜め上方向を向くのかというと、野球のピッチャーとテニスのサーバーの違いを考えるとわかりやすいです。どちらも加速を求めた動作ですが、両者は動作方向が違います。ピッチャーは前方へボールを投げるため胸は前を向きますが、サーバーはネットを越えて、さらに相手コートのサービスボックスへ入れるために上に向かって打ち出す必要があり、胸は上向きになります。つまりサーバーは斜め上方向へ動作をして、ボールを前に飛ばす必要があるのです。そこでここからの種目は股関節の屈曲運動にひねり運動を入れ、屈曲から伸展に続く運動を斜め上方向に行っていきます。

サービスの加速②
サービス動作を意識して
メディシンボールを投げる（片膝立ち）

効果	**サービスの加速に必要な回旋をともなう動作の獲得**

　2kgのメディシンボールを壁に向かって投げます。写真のように壁に対して（サービスのクローズドスタンスをつくり）身体を斜めに向けて片膝立ちで構えます。動き出しではボールを持った両手を下に下げておいてください（左ページ）。そうすると股関節が曲がった状態となり、身体を起こすための予備動作になります。

　股関節を曲げた予備動作から身体を起こし、上体をひねります。股関節の屈曲にひねりを入れます。そして膝を前方に出しながら身体を起こし、ボールを頭上に上げて身体を反り（胸を上に向けて）、オーバーヘッドスローでボールを斜め上方に向かって投げます。10回繰り返します。

トレーニング20からは斜め上方向へ動作する

身体を反り、
胸を上に向
けてオーバー
ヘッドスロー

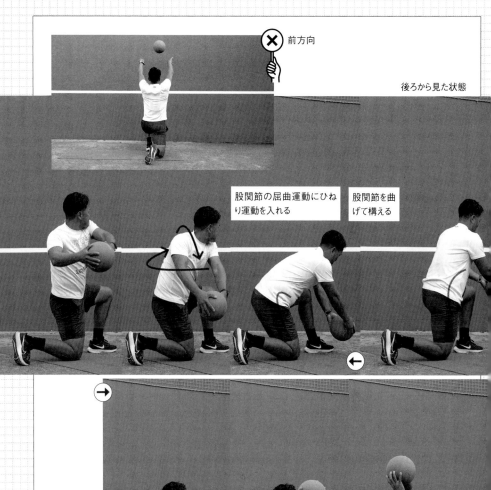

前方向

後ろから見た状態

股関節の屈曲運動にひねり運動を入れる

股関節を曲げて構える

膝を前に出して身体を起こす

サービスの加速③
サービス動作を意識して
メディシンボールを投げる（両膝立ち）

効果 **サービスの加速に必要な回旋をともなう動作の獲得**

　300gのメディシンボールを壁に向かって投げます。写真のように壁に対して（サービスのクローズドスタンスをつくり）身体を斜めに向けて両膝立ちで構えます。トレーニング20と同じ動作ですが、片手で投げることで徐々にサービス動作に近づけていきます。屈曲運動とひねり運動が抜けないように両膝をつき、動きのつながりを意識して行います。

　動き出しではボールを持った両手を下に下げておいてください。そうすると股関節が曲がった状態となり、身体を起こすための予備動作になります。

　股関節を曲げた予備動作から身体を起こしながら、上体をひねります。股関節の屈曲にひねりを入れます。そして身体を起こし（胸を上に向けて）、オーバーヘッドスローでボールを斜め上方に向かって投げます。10回繰り返します。

身体を反り、胸を上に向けて
オーバーヘッドスロー

肩関節の外旋

☑ 胸の向きは斜め上方向、
そのとき肩関節は外旋する

　股関節が屈曲している（曲がっている）とき肩関節は内旋しています。そして身体を起こし、胸を上に向けたポジションに入ると肩関節は外旋します。その後、肩の内旋、さらに腕の回旋運動が続いて腕が加速していきます。肩の内旋・外旋は自分から行うものではなく、動きの中でつくられるものです。このトレーニングからそれらの動きのつながりを意識して行っていきましょう。

股関節の屈曲運動に
ひねり運動を入れる

股関節を曲
げて構える

肩関節の内旋

身体を起こす

サービスの加速④
サービス動作を意識して
メディシンボールを投げる（片膝立ち）

効果 **サービスの加速に必要な回旋をともなう動作の獲得**

　300gのメディシンボールを壁に向かって投げます。写真のように壁に対して（サービスのクローズドスタンスをつくり）身体を斜めに向けて片膝立ちで構えます。トレーニング21と同じ動作を肩膝立ちで行い、体重移動を大きくすることでサービス動作に近づけていきます。股関節の屈曲運動とひねり運動が抜けないように気をつけましょう。

　動き出しではボールを持った両手を下に下げておいてください。そうすると股関節が曲がった状態となり、身体を起こすための予備動作になります。

　股関節を曲げた予備動作から、身体を起こしながら上体をひねります。股関節の屈曲にひねりを入れます。そして膝を前方に出しながら身体を起こし（胸を上に向けて）、オーバーヘッドスローでボールを斜め上方に向かって投げます。10回繰り返します。

身体を反り、胸を上に向けてオーバーヘッドスロー

✓ 肘の角度は90度

　肩が外旋するとき肘の角度は90度が最適です。肘をたたむとボールが頭に近くなり、ボールの重さが利用できなくなります。肩の内旋→外旋ができません。

肘をたたんでボールが
頭に近い

股関節の屈曲運動にひねり運動を入れる

股関節を曲
げて構える

膝を前に出して身体を起こす

トレーニング 23

サービスの加速⑤
サービス動作を意識して
メディシンボールを投げる（立位）

効果 **サービス動作の連動性を高める**

　いよいよ立ち上がってサービス動作にシフトしていきます。

　2kgのメディシンボールを壁に向かって投げます。写真のように壁に対して（サービスのクローズドスタンスをつくり）身体を斜め横に向けて構えます。動き出しではボールを持った両手を下に下げておいてください。そうすると股関節が曲がった状態となり、身体を起こすための予備動作になります。

　股関節を曲げた予備動作から身体を起こしながら、上体をひねります。股関節の屈曲にひねりを入れます。そして膝を前方に出しながら身体を起こし（胸を上に向けて）、オーバーヘッドスローでボールを斜め上方に向かって投げます。10回繰り返します。

身体を反り、胸を上に向けてオーバーヘッドスロー

膝を前に出して身体を起こす

サービスのトスを上げるイメージを持って身体をひねる

股関節の屈曲動作（曲げた状態）にひねり動作（ひねって戻す）が入り、屈曲から伸展に続く運動の中で肩が回旋して、腕の加速に続く

股関節を曲げて構える

股関節の屈曲動作（曲げた状態）にひねり動作を入れる

サービスの加速⑥
チューブを使ったサービススイング

効果 **サービス動作の連動性を高める&動きのリズムづくり**

　股関節の屈曲動作（曲げた状態）にひねり動作を入れて屈曲から伸展へ、下から上へエネルギーを伝えるトレーニングを行ってきました。運動に足し算をしているイメージです。

　今度はチューブを持って下から上へ回してサービススイングをしていきましょう。身体の反りにひねり戻しを加えて、チューブの加速（先端が走っている状態）を保ち、連続で10回素振りをしてください。

　手や腕でチューブをコンロールするのではなく、体幹部分や臀部など身体の大きな部位を使って動きをつなげる意識が大切です。身体のひねりを入れたときに動作スピードと腕の振りが合わないとチューブは上から落ちてきて身体に触れます。身体の動きと腕の振りのリズムを合わせることがポイントです。

> チューブは止めずに連続で振る

✓ 最初の股関節の曲げが重要

　股関節を曲げて下半身から動き出し、上半身へ動きをつなげていくことがエネルギーを大きくして加速を生むために重要です。身体のひねりがなく腕を振り上げるだけでは下半身と上半身の動きのリズムがズレてしまい、チューブは身体に触れます。

股関節を伸ばして腕を振り上げるだけだとチューブは身体に触れる

動作のスピードと腕の振りを合わせて、チューブの先端の重さを感じる

身体の反りにひねり戻しが入り、チューブが加速する（先端が走っている）

トレーニング 25 サービスの加速⑦ メディシンボールを真上に投げる

効果 サービス動作の連動性を高める&出力するタイミングをつかむ

　股関節の屈曲動作（曲げた状態）にひねり動作を入れて屈曲から伸展へ、下から上へエネルギーを伝えるトレーニングを続けます。運動に足し算をしているイメージです。

　300gのメディシンボールを持って下から上に投げましょう。股関節を曲げた予備動作から上体をひねります。股関節の屈曲にひねりを入れます。そして膝を前方に出しながら身体を起こし（胸を上に向けて）、オーバーヘッドスローでボールを真上に向かって投げます。10回繰り返します。真上に向かって投げるためには、これまでのトレーニングで行ってきた動作のつながりや全身の可動域が重要になってきます。

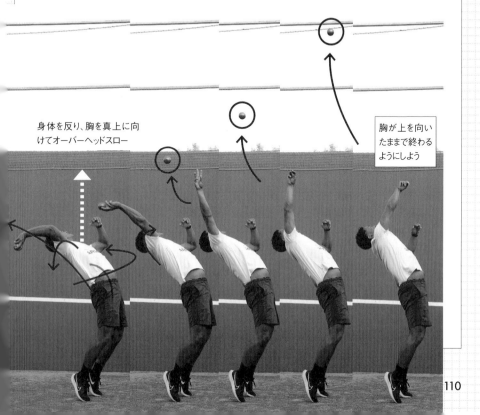

身体を反り、胸を真上に向けてオーバーヘッドスロー

胸が上を向いたままで終わるようにしよう

股関節の屈曲運動に
ひねり運動を入れる

股関節を曲
げて構える

膝を前に出して
身体を起こす

サービスの加速⑧
メディシンボールを斜め上に投げる

効果　**サービス動作の連動性を高める&出力するタイミングつかむ**

　股関節の屈曲動作（曲げた状態）にひねり動作を入れて屈曲から伸展へ、下から上へエネルギーを伝えるトレーニングを続けます。運動に足し算をしているイメージです。

　トレーニング25を経て、300gのメディシンボールを斜め上に向かって投げましょう。股関節を曲げた予備動作から上体をひねります。股関節の屈曲にひねりを入れます。そして膝を前方に出しながら身体を起こし（胸を上に向けて）、オーバーヘッドスローでボールを斜め上に向かって投げます。投げたあとも上方を向いて終わりましょう。10回繰り返します。

身体を反り、胸を斜め上に向けてオーバーヘッドスロー

上方を向いたまま終わるようにしよう

股関節の屈曲動作（曲げた状態）にひねり動作を入れる

膝を前に出して身体を起こす

ストローク動作においても、下半身から上半身へと動きを連動させて加速していくことはとても重要です。前半部分では、メディシンボールを使ったストロークの動きづくりのためのトレーニングを紹介していきます。体の向きや目線、出力する方向などを意識して行うと効果的です。次の段階では、手にパッドを付けてボールを打つことで、スイング動作に動きを加えていきます。ボールに対して適切な距離をとり正確に動くことと、ボールをパッドで打ち返す際の身体の向きや目線、ていねいなコンタクトの感覚を意識して行います。

　中盤のトレーニングでは、狭い範囲を移動するためのアジリティステップのトレーニングと、メディシンボールを使ったトレーニングの組み合わせを紹介していきます。段階的に、前半で行ったその場でのメディシンボールスロー、動きのトレーニング、動きを入れたメディシンボールスローと進んでいくことで、テニスへとつながる自由度の高い動きの感覚を得ることができるようになります。

　後半はゲーム形式でのトレーニングです。相手との駆け引きを楽しみながら動いていきましょう。

モデル◎羽澤慎治（117、130〜143ページ）、清水悠太（118〜129、144〜161ページ）

Vol.

07

技術系
トレーニング

✓ 構えの姿勢ーパワーポジションは変化する

　構えの姿勢、いわゆるパワーポジションは状況により少し変化をします。リターンやネットに近づいてのボレーなどでは高い打点でボールを打つことが多くありますが、その準備段階の構えにおいて股関節を締め込みすぎているプレーヤーがいます。股関節を締め込みすぎると前傾姿勢になりますが、そうすると高いボールに対して前傾した体幹部分を起こすという動きが入り、動作の遅れにつながる場合があります。コート内でのポジショニングにもよりますが、高い打点でボールを打つことが予測される場合では、地面に対して体幹部分を起こして構えることが重要です。

　またストロークでも同じことが言えます。股関節を締め込みすぎると、やはり体幹部分が前傾姿勢になり、その後のスイング動作も傾いた状態で行うことにつながります。この場合、体幹部分はある程度、地面に対して起こして構えるということを忘れないでください。

　対して、ネットにつめている途中などは膝元の低いボールを打つ可能性があります。そうしたときは低いところでボールをとる準備として、必然的に股関節を曲げて体幹部分の前傾姿勢をつくり、低い姿勢になります。状況によって構えは変化させるという感覚をもっておきましょう。

❌ リターンやボレーでは特に股関節を締め込みすぎて体幹部分が前傾姿勢になると、高いボールに対して動作が遅れる

⭕ 体幹部分を地面に対してある程度起こして構える

ストロークの場面で股関節を
曲げすぎると身体が傾く

体幹部分を地面に対して
ある程度起こして構える

低い姿勢

高い姿勢

低いところでボールをとる可能性が高い場面では
股関節を曲げて低い姿勢になる

トレーニング 1

お腹を締めて
チューブを前後に動かす

| 効果 | スイング動作のひねりに耐えうる体幹をつくる |

　まずは、リング状のチューブを2本用意します。プレーヤーは写真のように短いチューブを膝の上に巻き、もう1本の長いチューブを胸の前で持ちます（反対側をパートナーが持ちます）。スタンスは肩幅よりやや広めにして股関節を曲げ（つま先はまっすぐに前を向ける）、ストロークの構えの姿勢をとります。このとき体幹部分を前に倒しすぎないように気をつけてください。

　この種目ではお腹を締める感覚を大切にします。お腹を締め、肘を曲げた姿勢からスタートします。胸の前へまっすぐ肘を伸ばし、1・2・3カウントキープしたら元に戻します。次は2・2・3というように3カウントを数えて、5〜10回行います。

　肘を伸ばすときにチューブに引っ張られる力が強くなります。その力に抵抗するようにしっかりとお腹を締めて動作を行います。お腹の力が抜けるとチューブに引っ張られて身体が回ってしまうので、両足の真ん中に重心を置いてお腹を締め、しっかり止まって行ってください。

曲げた肘をまっすぐ前に伸ばし3カウントキープ、元に戻す

チューブにもたれかかる

お腹が緩んでいるとチューブに引っ張られる

スタンスは肩幅よりやや広めで重心は両足の真ん中。重心を落としてお腹を締め、しっかり止まる

お腹を締めてチューブスイング
（左右に動かす）

トレーニング 2

効果 　**体幹部分を安定させたスイング動作の獲得**

　トレーニング1と同じ姿勢で、短いチューブを膝の上に巻き、今度は手に持ったチューブを横（左右）に動かします。両足の真ん中に重心をおいてお腹を締め、両足で踏ん張ります。チューブを持った両腕を横方向に伸ばし、続いて反対側の横方向に向けてスイング。息を吐きながら素早くひねり、ゆっくりとした動作で元に戻して、これで1回です。5〜10回行います。

　身体をひねったときにいっしょに足が動いたり、身体が傾いてしまわないように、お腹を締めた状態で、腕を伸ばしたまま体幹部分を大きく横（左右）にひねっていきます。腕が曲がってしまうと、体幹部分のひねりではなく腕でチューブをスイングする動きになってしまうため、腕を伸ばしたまま行うのがポイントです。

両足の真ん中に重心をおいてお腹を締め、両足で踏ん張る

続いて両腕を横方向に伸ばし、身体をひねって反対側へ移動させる

トレーニング
3

メディシンボールスロー①
スイング動作に近づける

| 効果 | **体幹部分&脚部を安定させたスイングの獲得** |

　トレーニング1、2のあと、膝の上のチューブはそのまま使い、今度は2kgのメディシンボールを投げていきます。両足の真ん中に重心をおいてお腹を締め、両手でメディシンボールのキャッチ＆スローです。ボールのキャッチに合わせて体幹部分を大きくひねり、そこから素早くひねり戻してスイング動作に変えていきましょう。

　両足は動かないように止めたままで、体幹部分はお腹に力を入れた状態をキープして行います。両腕を伸ばした状態で行うことで、腕でスイングするのではなく胸椎の可動域の中で動作を行うことができます。

両腕を伸ばして、胸椎の可動域の中でスイング動作を行う

メディシンボールをキャッチして投げる。ひねって戻す動作をスイング動作につなげる。

両足の真ん中に重心をおき、お腹を締めて体幹部分を大きくひねり、素早くひねり戻す

メディシンボールスロー②
股関節のローディング

効果　**軸足の股関節にのせる（ローディング）感覚を養う**

　続いて下半身の感覚にアプローチをしていきます。リング状のチューブを2本用意します。プレーヤーは写真のように短いチューブを膝の上に巻き、もう1本の長いチューブを腰に巻きます（反対側をパートナーが持ちます）。スタンスは肩幅より広めにして重心を落として構え（つま先はまっすぐに前に向け）、この姿勢で横に移動していきます。体幹部分は前に倒しすぎないように気をつけましょう。

　進行方向と逆側からパートナーはチューブを引っ張ります。引っ張ると、プレーヤーは（写真の場合）軸足となる左足に体重がのる感覚が出やすくなります。しっかりと軸足（左足）に体重をのせて身体を移動させるトレーニングです。

ベースラインを往復する

軸足に体重をのせて、身体を移動させる

☑️ 軸足の股関節、膝が縦にまっすぐに並び、体重がのる感覚を得る

　軸足に体重をのせたとき、靴の上に股関節、膝（内側や外側に倒れない、つま先より前に出ない）が縦にまっすぐに並ぶことで、下半身からの出力がうまくいきます（写真○）。例えば、テークバックで軸足をセットして構えたときに膝が前に出てしまったり、内側に倒れてしまうと（写真×）、すでにこの時点で身体が傾いたり重心の移動が起きてしまい、ボールがゆっくり来た場合などは待ちきれなかったりします。軸足に体重をのせて移動する感覚をつかんでください。チューブを使えばかなり効果的ですが、なくても意識次第である程度同じ感覚を得ることができます。

❌ 膝が内側に倒れている状態

⭕ 股関節、膝が右足の上に並んでいる

軸足（左足）の靴の上に股関節、膝が並んだ状態をつくり、軸足に体重をのせる

メディシンボールスロー③
目線を残してスイング動作

効果 **スイング動作での目線のコントロール**

　メディシンボールスローを、より実際のスイング動作に近づけていきます。この種目では目線を意識してください。メディシンボールはパートナーに対して投げますが、パートナーがいる方向に早く目線を向けてしまうと、身体が早く回っていわゆる開いた状態になりやすいです。

　目線を向けた方向に身体の動きはついていきます。例えば、目線を斜め上に向ければ、それに首がつられ、その後、体幹部分も動いて、目線の方向に身体は引っ張られる傾向があります。目線の向きにより身体が早く開くのを抑えるため、この種目ではメディシンボールを投げるときは設置したコーンの先端に目線を残した状態でボールを投げてください。

（ボールをコーンに）近づけてから加速するイメージ

☑ 目線を残して身体の開きを防ぐ

　テニスはラケット面を使うスポーツです。面が向いた方向にボールは飛びますから、面を正確に出す必要があります。極端に言えば、身体を完全に止めておけば面を正確に出せます。とはいえ、テニスは動きながらプレーするスポーツですから、その中でいかにボールに対しラケット面を正確に当てられるか、そして再現性を高められるかを考えなければなりません。

　ボールに正確にラケット面を当てられるように目線をコントロールし、身体の回り過ぎを防ぎます。イメージするならゴルフがわかりやすいです。回転運動の中で正確にボールをとらえるため下半身を安定させ、目線をコントロールして打球します。

顔（目線）が先に動くと身体が開いてしまう

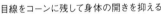

目線をコーンに残して身体の開きを抑える

☑ 顔（目線）を残して 打点に近づけてから加速

　思いきりメディシンボールを投げればパワー強化につながります。ただ、実際のテニスのプレーを考えれば、ラケットを速く振ることだけに意識がいくと、ボールに対して正確にラケット面を当てることが難しくなります。ここでは、テニスのストローク動作につなげることを意識するために、ラケット（メディシンボール）とボール（コーン）を正確にコンタクトさせにいってから加速します。コーンの近くまではメディシンボールをゆっくりと近づけ、コーンの先端付近から加速をしていきます。

メディシンボールスロー④
もっとも力が入る場所を通過させる

効果 **フットワークの動きとスイング動作の安定の両立**

　トレーニング5に動きを入れて行います。パートナーが投げたメディシンボールを
（コーンから離れたところで）キャッチし、そこからフットワークを使ってコーン（打
点）に近づき距離感を合わせたら、コーンの先端に目線を残して加速してボールを
投げます。これを5〜10回行います。

狭い範囲での細かいフットワークをプラスして、コーン（打点）に正確に近づく

もっとも力が入るところを意識してメディシンボールを投げよう。コーンの先端に目線を残して加速して
投げる

✓ 一番力が入るポイントを知る

　メディシンボールスローを行う中で一番力が入るポイントはどこかを知ってください。写真のようにパートナーと対面で立ち、片手をへその前に置いて両者で押し合いをします。へその前が一番力が入ることがわかります。ところが、片方が目線を外して身体を開くと力が入りづらくなることがわかります。

　メディシンボールを胸、へその前で離せば、(押し合いと同じで)一番力が入るところでリリースできます。しかし、身体が早く回って開くと力が入らないポイントでリリースすることになり、エネルギーをボールに伝えることが難しくなります。実際のスイングでも同じです。

身体が早く回ると(へその後ろは)力が入らない

へその前が一番力が入る

トレーニング **7**

チューブで負荷をかけて 踏み込み足をコントロール

効果 **踏み込み足の安定性の獲得**

　身体の感覚によりアプローチするため、メディシンボールスローにチューブの負荷を加えます。長いリング状のチューブを2本つなげて、片方のリングの中にプレーヤーが、もう片方のリングの中にパートナーが入ります。

　パートナーに対してプレーヤーは前に足を踏み込んでメディシンボールを投げます。この動作を行うときはお互いがチューブを引っ張り合う形になりますが、パートナーが前から引っ張ることによって負荷をかけ、腕、メディシンボールの加速を引き出します。プレーヤーがボールを前に投げるときは身体が前にもっていかれそうになります。その前にもっていかれそうになるところを、踏み込んだ足を止めることによって、もっていかれないように止めます。踏み込み足が安定してくると身体が回りすぎるのを抑え、しっかりと力を発揮できます。10回。

踏み込んだ前足で止まり、投げたあともピタッと止まれるように踏み込み足をコントロール

踏み込み足が安定しないと身体が回りすぎて、エネルギーが発揮できない

128

トレーニング **8** チューブで負荷をかけて軸足から出力する

効果 **軸足からのパワー発揮の強化**

　トレーニング7と同じ方法で、今度はパートナーはプレーヤーの後ろからチューブを引っ張ります。プレーヤーは後ろからチューブで引っ張られることによって、軸足に意識を集めやすくなります。写真は、チューブを引っ張る人とメディシンボールをキャッチする人、2人のパートナーがいる状況で撮影しています。

　チューブに引っ張られることによってプレーヤーは後ろ足＝軸足（股関節、膝、足首）に体重をのせる感覚がつかみやすくなります。そこから踏み込んで、軸足の股関節、膝、足首から出力することで体幹部分の回転運動へと動きをつなげていきます。チューブで引っ張られているので、ボールを投げるときはお尻を使って身体を前に押し出す意識が大切です。10回。

軸足（股関節、膝、足首）に体重をのせる

身体は起きた状態で、お尻を使って身体を押し出す

前足を止めて身体をコントロール

ストロークトレーニング ──メディシンボール スロー＆キャッチ（壁）

効果 **下半身から上半身への運動連鎖＆ユニットターンの感覚獲得**

　壁を使ったメディシンボールスローです。ボールを持って壁の方向にスペースを開けて立ちます。前方に踏み込みボールを投げ、壁に当たって跳ね返ってきたボールをキャッチして、後ろに下がって元の場所に戻ります。10回。

　トレーニング7、8と同様に、腕は伸ばして行います。そうすると胸の部分のひねりが感じられます（ユニットターン）。このとき肘を曲げるとひねりがなくても腕だけで後ろへ引くことができてしまうため、体幹部分のひねり動作が不十分になりがちです。

　踏み込むときは、軸足の足首、膝、股関節が、縦のラインで揃うように体重をのせ、腕は伸ばしたままで体幹部分をひねります（ローディング）。メディシンボールを投げるときに身体が開いて前を向いてしまうと、投げ終わったあとに跳ね返ったボールのキャッチが間に合わなくなります。投げたら体幹部分をすぐにひねり戻し、キャッチの準備をすることを忘れないでください。

メディシンボールを持って、壁方向に踏み込んで投げる

両腕を伸ばして、胸をひねる

✕ 膝が進行方向に流れて足首、膝、股関節が縦のラインにのっていない。
身体の回転が起こってから投げている、いわゆる手投げ

◎ 足首、膝、股関節がラインにのった状態で体幹部分をひねる。
下半身から上半身へエネルギーが伝達される

跳ね返ったボールをキャッチして元の場所に戻る

ストロークトレーニング ―メディシンボールスロー＆ キャッチ（壁、2人組）後方から球出し

効果 **下半身から上半身への運動連鎖＆ユニットターンの感覚獲得**

　トレーニング9の続きで、壁を使って2人組で行うトレーニングです。プレーヤーはトレーニング9と同じ姿勢で壁の近く、前方に立ち、パートナーはその斜め後ろに立ちます。プレーヤーは胸の前に両腕を伸ばし、そこへパートナーは球出しをします。ボールをキャッチしたら両腕を伸ばしたまま胸をひねり（ユニットターン）、そのまま前方に踏み込んで、壁に向かってボールを投げます。その場で跳ね返ったボールをキャッチして、パートナーに投げ返しながら後ろに下がって元の姿勢に戻ります。10回。

　このトレーニングはストロークのテークバックで腕やラケットを後ろに引きすぎてしまうプレーヤーに対する修正トレーニングでもあります。両腕を胸の前に伸ばして胸をひねることで、体幹部分より後ろに引くことはできなくなります。その腕の位置をキープしたまま足を前方に踏み込んでボールを投げます。

パートナーはプレーヤーが両腕を胸の前に伸ばして構えたところへ球出しをする

両腕を伸ばして胸をひねるとこれ以上腕は後ろにいかない

プレーヤーは前方へ踏み込んで
メディシンボールを投げる

腕を伸ばして胸をひねり、ひねりをキープしたまま
足を前方に踏み込む

壁で跳ね返ったボールをキャッチして
パートナーに投げ返す

元の場所、
元の姿勢に戻る

ストロークトレーニング ─メディシンボールスロー& キャッチ（壁、2人組）斜め前方から球出し

効果 **下半身から上半身への運動連鎖&ユニットターンの感覚獲得**

　トレーニング10と同じ方法で行いますが、球出しの方向を変えます。トレーニング10はプレーヤーの後ろから球出しをしましたが、ここでは横（やや斜め前）から投げます。

　プレーヤーは胸の前に両腕を伸ばし、そこへパートナーは球出しをします。ボールキャッチに合わせて足を前に踏み込み、胸をひねります。自分からひねりをつくるというのではなく、キャッチしたい位置に手を置いておき、足を前に踏み込むことができれば自然とひねり（ユニットターン）がつくれるという意識を持つことが重要です。ボールが指先から離れるまでを動きをコントロールして出力するというイメージで行います。10回。

パートナーはプレーヤーが両腕を胸の前に伸ばして構えたところへ球出しをする

両腕を伸ばして胸をひねると
これ以上腕は後ろにいかない

足を前方に踏み込むことで自然と
体幹部分のひねりがつくられる

プレーヤーは前方へ踏み込んで打点でメディシンボールを手から離すイメージ

壁で跳ね返ったボールをキャッチしてパートナーに投げ返し、元の場所、元の姿勢に戻る

ストロークトレーニング —メディシンボールスロー& キャッチ（オープンスタンス）

効果 下半身から上半身への運動連鎖&ユニットターンの感覚獲得

　次はオープンスタンスでメディシンボールスロー＆キャッチを行います。壁に向かい、地面に対して体幹部分を起こした状態でスタンス（オープンスタンス）を広げます。そしてフォア側、バック側、左右交互にボールを投げてキャッチ、投げてキャッチを連続10回行います。

　跳ね返ってきたボールをキャッチしたら、すぐにテークバックになりますが、このとき体幹部分が倒れたり、傾いたりしないように、地面に対して身体を起こした状態でひねり戻し、それと連動して足を踏み替えて（写真）加速をしていきます。

体幹が倒れている(×)。常に体幹部分を起こした状態で行う

体幹部分を起こした状態でひねり戻し、それと連動して足を踏み替えて（写真）加速する

☑ かかとまでしっかりつけた状態から 足を踏み替える

　体幹部分が傾いたり、踏み込み足側に体重がのりすぎてしまった場合はかかとが浮いて、いわゆる膝が流れた状態になります。そうすると下半身から上半身へのエネルギーの伝達がうまくいかなかったり、膝が余分に動く（大回りする）ことでエネルギーをロスしてしまうことが考えられます。踏み込んだ足はかかとをしっかりつけて、足首、膝、股関節がライン上にあること、その状態から足を踏みかえてメディシンボールを加速し、逆サイドでまたしっかり踏み込むということを繰り返します。

かかとが浮いて膝が流れると、膝が余分に動いて（大回りして）エネルギーロスをすることになる

かかとをしっかりつけて、足首、膝、股関節までがライン上にあるようにし、そこから足を踏み替えて逆サイドへ

アジリティステップとボールコンタクト

効果 ボールと身体との距離の調整&ボールコンタクトの感覚習得

　狭い範囲を移動するためのアジリティステップと、ボールコンタクトの感覚をトレーニングしていきます。

　自分でボールをトスしてワンバウンドさせる、またはパートナーに球出しをしてもらいます。ワンバウンドしたボールをストロークの素振りをしながらキャッチしてください。ポイントはボールに手を近づけたところから加速させることです。逆を言えば、ボールから離れたところから手を加速させると、ボールと手が衝突するような形になり、ボールをつかむ瞬間の感覚がぼやけてしまいキャッチミスが起こります。これはラケットを持っても同じことが言え、ボールから離れたところからラケットの加速が始まると、ラケットとボールが衝突するような形になり、ボールをとらえる感覚としてもぼやけたものになります。アジリティステップでボールとの距離を調整、手とボールを近づけたところから加速していくことを目指します。

ボールコンタクトの瞬間は目線、身体の向きがボールの方向に向いているとズレは少ない

パートナーがワンバウンドで球出し

パートナーがワンバウンドで球出し

ボールコンタクトより早く目線や身体が前方を向くと、ミスが起こりやすい

自分でトスする

スプリットステップ

手とボールに近づいたところから加速してキャッチ。キャッチの瞬間まで
目線と身体の向きはボールの方向へ

アジリティステップと
ボールコンタクト（パッド使用）

効果 **ボールと身体との距離の調整＆ボールコンタクトの感覚習得**

　トレーニング13と同じ方法で、ここでは手にパッドをつけて行います。パッドを用いることで、面の感覚を持つことができ、ラケットでボールを打つイメージへと近づけていきます。ボールとの距離をアジリティステップで調整して、手とボールを近づけてから加速。そして打ちたい方向にパッドの面が長く向いていることが正確なコントロールにつながります。

膝などに付ける保護用パッドを手に付けて使用。100円ショップなどでも販売されている

打つ前に身体が前を向くとミスをしやすい

 両手を胸の前で合わせて、胸からひねる

 手で引くと下半身からのエネルギーの伝達が難しくなる

手を近づけて加速（当ててスイング）。この方法ならていねいにコンタクトできる。打ちたい方向にパッドが長く向いているように意識する

身体が傾いている

身体の向きはボールの方向に向いているとズレが少ない

15 両手にパッドを付け、サービスボックスを動いて打球

効果 **動く範囲によってのステップの使い分け&ボールコンタクトの感覚習得**

　トレーニング14の手にパッドを付けての打球を、より大きな範囲の動きの中で行っていきましょう。左右のサービスボックスをめいっぱい使います。ここではプレーヤーは両手にパッドを付けてフォア側、バック側に来たボールをそれぞれパッドで打ち返してください。

　パートナーはプレーヤーの正面に立ち、ワンバウンドで狭い範囲に球出しをしてプレーヤーを動かしていきます。そして途中で「ゴー!」と掛け声をかけて指示を送ります。プレーヤーは指示された方向へ大きなクロスオーバーステップで移動し、サイドラインを踏んで元の場所に戻ります。狭い範囲を動くときはアジリティステップで調整、広い範囲を動くときはクロスオーバーステップを使います。動く範囲によってステップを使い分けることがポイントです。プレーヤーがスタート位置に戻る途中でパートナーは次の球出しをしてください。

両手にパッドを付けてフォア側、バック側のボールに反応してパートナーに打ち返す

途中で「ゴー!」のサイン

右利きのフォア側

クロスオーバーステップでサイドラインまで行き、ラインを踏んだら元に戻る。
戻る途中で次のボールが来る

右利きのバック側

両手を胸の前で合わせるイメージで、胸をしっかりひねる(ユニットターン)。
狭い範囲はアジリティステップで調整

ボール2個で
キャッチボールを3段階

効果 **"柔らかく"動く感覚を養う**

　片方がボールを2個持ち、対面で立ちます。それぞれスタンスを広くとり、お腹を締めた状態でパワーポジションをキープします。トントンと軽くスプリットステップを踏んでスタートです。ボールは2個いっしょに下手投げをし、相手は両手それぞれで1個ずつキャッチします。すかさず2個のボールを片手で持ち直して下手投げ、これを続けていきます。最初はこの動作に慣れるため、動きは大きくしないようにして、次の段階で動きを大きくしていきます。投げる際に前に入り、投げ終わったら後ろに戻ります。さらに次の段階ではボールをワンバウンドで投げ、より実際のプレーに近づけます。いずれの段階も足を動かしながらリズムを刻み、上半身はリラックスした状態であることが重要です。ポイント形式以外は30秒ほど実施。

段階①
片手でボールを
2個投げて、
両手で
1個ずつキャッチ

トントンとスプリットステップ

☑ 基本姿勢は常にスタンスを広く、お腹を締める

　ここからは、狭い範囲の細かい動きから、段階的にフットワークをトレーニングしていきます。最初は基本姿勢を確認しましょう。スタンスを広くとり、背筋を伸ばします。そして、体幹部分を安定させるためにお腹を締めた状態が基本です。上半身（特に肩関節周辺）は柔らかく動かせるようリラックスさせ、下半身は常に素早く動かせるように両足で軽く弾み、ベタ足になる瞬間がないようにします。これらの感覚を意識しながらトレーニングを進めていきましょう。

段階② ボールを投げるとき前に入り、投げたら後ろへ下がる

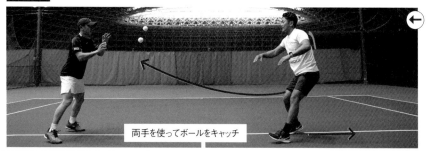

両手を使ってボールをキャッチ

2個のボールを片手で持ち、前に入って投げる

下がってスプリットステップ

段階③
ボールを
ワンバウンドで
投げる

段階④ 慣れてきたら②ノーバウンドと③ワンバウンドを混ぜる

段階⑤ ポイント形式（取れなければ失点）

3カウントステップ

効果 **フットワークのリズムづくり&敏捷性の強化**

　ボールを使ったジャグリングの種目に移っていきます。その前に準備として3カウントステップのリズムを覚えてください。スタンスを広くとり、ラインの後ろに立ちます。2回はその場で飛び、3回目でラインの上にのります。1、2はラインの後ろ、3はラインの上です。3カウントで10回。徐々にスピードを上げていきます。

　トレーニング25で上半身のリラックスを説明しましたが、ここでも同様です。足はしっかり動かしますが、上半身はリラックスさせ、いつもさまざまな動きができるようにしておきます。

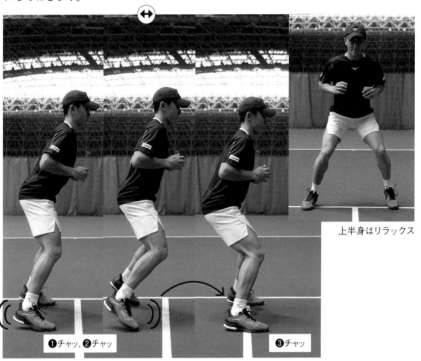

上半身はリラックス

❶チャッ、❷チャッ　　　❸チャッ

その場で2回ジャンプして、3回目のジャンプでラインの上にのる

3カウントステップで横方向に移動

効果 **フットワークのリズムづくり&敏捷性の強化**

　トレーニング17の3カウントステップ（3カウントのリズム）で横方向に動いていきます。スタンスを広くキープしておいて3カウントのリズムで横方向に移動して、3カウントで元に戻ります。細かなステップを刻んでください。慣れてきたら3歩目の切り返しをより素早く行いましょう。10回。

❶チャッ❷チャッ❸チャッ

3歩で移動して、3歩で戻る

3カウントステップで 横方向に移動、ボールキャッチ

効果 **フットワークのリズム&ボールに対しての動きづくり**

　トレーニング18の3カウントステップ（3カウントのリズム）での横方向の動きにボールキャッチを入れていきます。パートナーはプレーヤーの左右膝下にワンバウンドで交互に球出しを行います。プレーヤーは3カウントステップで動きながらボールをキャッチして、すぐにパートナーに投げ返します。パートナーはボールを2個持って始めますが、できれば予備ボールをポケットなどに用意しておくと、ボールの受け渡しがうまくいかなかったときにスムーズに展開できます。10回。

お腹を締めて、上半身はリラックス

3カウントで左右に動き、ボールをキャッチしたらすぐに投げ返して反対方向へ3カウントで動く

☑ 頭からスタンスまでの三角形をキープ

　頭からスタンスまでが三角形になり、この三角形をキープしたままボールに対して動きます。足が動かず、手を伸ばしてボールを取ろうとすると三角形は崩れてしまいます。必ず足を使って土台ごと動き、三角形が崩れないようにしてください。

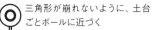

三角形が崩れないように、土台ごとボールに近づく

上半身だけで取りに行かない

投げ返す

次のボールを出す

ジャグリングボールキャッチ
（左右ランダム）

効果 ランダムな動きの中でのフットワーク強化

トレーニング19の続きで、ランダムに球出しをしていきます。ワンバウンド、ノーバウンドの球出しを混ぜて、左右もランダムに球出ししましょう。3カウントのステップはここでは無理に行わず、スタンスを広げた三角形の状態をキープしたまま、ボールに対して足を動かしていきます。また、上半身もできるだけ自由度を持たせて、緊張させないようにするのがポイントです。10回。

スタンスを広くキープして、ボールが来たほうへ移動する

お腹を締めて、上半身はリラックスさせて自由度を高める

ジャグリングボールキャッチ
（前後左右ランダム）

効果 **フットワークの自由度を上げる**

　トレーニング20の横方向の動きに、前後の動きも入れます。短いボールがきたら前に出てノーバウンドでキャッチ。キャッチしたら投げ返し、元に戻りますが、前後のボールはセットとなります。次に高く後ろへボールが上がるので、後ろへ下がってノーバウンドでキャッチ。投げ返して元に戻ります。左右、前後の動きが混ざったジャグリングになります。スタンスを広くキープしてボールに近づき、お腹を締め、上半身はリラックスさせて自由度を保ちましょう。10回。

スタンスを広くキープしてボールに近づく

上半身はリラックスさせて自由度を高く

ジャグリングボールキャッチ
（ランダム・アレンジバージョン）

効果　フットワークの自由度を上げる

　トレーニング21のアレンジバージョンです。ベースラインとサービスラインの2ヵ所から球出しをします。プレーヤーはその中間に構え、2ヵ所から交互にランダムに飛んでくるボールに対応します。

　球出しは最初は身体周辺に出して狭い範囲でプレーヤーを動かし、アジリティのステップで対応できるようにします。次の段階では少し動く範囲を広げて、横方向へ振ります。身体をストレッチさせて飛びつくようなボールも出していきましょう。そして3段階目は前後の動きを入れていき、短いボールを出して前に入ってキャッチさせ、すぐに身体を反転させ、反対方向から次の球出しをします。狭い範囲、横方向の広い範囲、前後を含めてさらに広い範囲という3パターンを行います。8〜10回。

ボールをキャッチしたら、すぐに投げた相手に投げ返し、身体を反転させて反対側を向く

球出しは2ヵ所から交互にくるので、プレーヤーは一回毎に身体を反転させる

23 ジャグリング メディシンボールスロー
（ランダム・アレンジバージョン）

効果 フットワークの自由度を上げる

トレーニング22と同じ方法でメディシンボールを使います。前後左右、ノーバウンド、ワンバウンドをミックスします。動きの自由度を高めるための種目です。ベースラインとサービスラインの2ヵ所から交互にボールが出てくるので、ボールをキャッチして投げ返したら、身体を反転させて次のボールに備えてください。ボールを投げるときはストロークのように投げます。8〜10回。

球出しはベースラインとサービスラインの2ヵ所から、メディシンボールを使用

1対1の対戦型ゲームトレーニング①
じゃんけんラインタッチ

| 効果 | 動き出しの判断&切り返し能力の向上 |

　ここからはゲームの要素を持たせた種目を行っていきます。1対1で写真（左ページ上）のように向かい合って立ちます。どちらもスタンスを広げてパワーポジションをとり、ジャンケンでゲームをスタートさせます。勝った人は右へ、負けた人は左へ動いてください。つまり、2人は❶❷ジャンケンをきっかけに同じ方向に動きます。そして❸❹ダブルスのサイドラインまで走り、続いて❻❼逆サイドのダブルスのサイドラインまで走り、さらに❽センターラインを駆け抜けて、どちらが早く❽をクリアするかを競います。最初のジャンケンで方向が決まり、そこから加速、方向転換（切り返し）、ふたたび加速をします。

切り返しの足は一度ずつ変える（○）。連続で同じ足を使うのは禁止（✗）

センターラインとダブルスサイドラインを使う

1対1の対戦型ゲームトレーニング②
オフェンス&ディフェンスゲーム

効果 動きの中での駆け引きをする能力の向上

　オフェンス（攻撃）とディフェンス（守備）に分かれて1対1で勝負します。写真のように真ん中にはボールをのせたディスクマーカー、サイドラインにはそれぞれコーンを設置します。プレーヤーは攻撃と守備に分かれ、それぞれ自陣のコーンの後ろで構えます。ゲームがスタートしたら、攻撃はボールを取って、守備にタッチをされることなく自陣のダブルスサイドラインを走り抜けることができたら勝ちです。制限時間は20秒。

　20秒の中で攻撃はボールを取ってサイドラインを走り抜けなければなりませんが、その間に守備は真ん中のディスクマーカーを越えて攻撃にタッチをしにいくことができます。ただし、攻撃は自陣のコーンにタッチをすると、守備も自陣のコーンにタッチをしなければならないというルールがあります。ですから、守備が深追いしすぎると、攻撃にコーンタッチを要求されたときに移動距離が長くなり、攻撃のほうが有利になります。時間と距離を計算しながら勝負をします。

守備　攻撃
両者自陣のコーンの後ろからスタートする

攻撃はセンターのコーンの上にあるボールを取って、自陣のサイドラインを駆け抜けることができたら勝ち

守備は攻撃にタッチしたら勝ち

攻撃が自陣のコーンにタッチしたら、守備も自陣のコーンにタッチしなければいけない

時間と距離を計算しながらの勝負

この勝負は攻撃の勝ち

トレーニング 26

1対1の対戦型ゲームトレーニング③
メディシンボールバトル（横方向）

効果 | **フットワーク&ボールスピードの重要性を体感する**

　サービスボックスの中でメディシンボールを使った1対1の対戦ゲームです。相手とメディシンボールを投げ合いますが、投げたあとは（写真のように）コーンの延長線上に足をつき、サービスボックスに戻るというルールです。お互いが時間と距離を計算して駆け引きをしながら、横方向のリカバリーフットワークをトレーニングします。

　最初にボールを投げる人はサーバーです。一方レシーバーはコーンの延長線上に足をついたところからスタートをします。サーバーの指先からボールが離れた瞬間から移動開始です。このラリーでは、相手に押し込まれて時間がないと感じたときに高いボールを投げるのはOKです。一方で、低くて速いボールを投げて相手から時間を奪うのも作戦の一つです。

コーンの延長線上に足を着いてスタート

レシーバー

サーバー

真ん中からスタート

高いボールを投げて時間と距離を稼ぐのもあり

前に入って時間と距離をショートカット

低く速いボールを投げて相手から時間を奪うのもあり

1対1の対戦型ゲームトレーニング④
メディシンボールバトル（前後方向）

効果 前後のフットワーク強化&動きの中で駆け引きを楽しむ

　サービスボックスの中で1対1で相手とメディシンボールを投げ合います。ボールを投げたあとは、ネット前に設置したディスクマーカーの前を通って次のボールに対応するというルールです。つまり、必ず前後の動きが入り、どちらかが失敗するまでラリーを続けます。

　ゲームに慣れてきたら追加ルールとして、相手の前にあるディスクマーカーに直接メディシンボールを投げて当てることができたらポイント獲得にします。ただし、ディスクマーカーを狙ったものの当たらなかった場合は、短いボールを相手に送ることになり、自分がいきなりピンチに陥る可能性もあります。リスクを負って一発でポイントを狙いにいくのか、それとも長くラリーをしてチャンスを探すのか駆け引きをしてください。

深く投げる

サービスボックスの中でラリー

短く投げて直接ディスクマーカーにボールを当てたらポイント獲得。ただし失敗すると相手が前につめてくる

パワフルなスイング動作や、オンコートで素早いフットワークを行う
には、下半身からのパワーの発揮が重要になってきます。効率よくパ
ワーを発揮するためには体幹部分の安定性を高めた上で、股関節・
膝・足首の下肢3関節がタイミングよく出力する必要があります。パワ
ーは、筋力×スピードと定義されます。つまり筋力が強いだけでは、その
ままパワーへとつながるわけではないのです。筋力を短い時間の中で
素早く発揮する能力が動きのパワーへとつながります。

　前半は股関節・膝・足首の関節の曲げ伸ばしを大きく使ったパワ
ー発揮（トリプルエクステンション）。後半は、足と地面との接地時間
を短くし、地面からの反力をもらってのパワー発揮のトレーニングを紹
介していきます。ポイントはどの種目も姿勢を意識し、全力（最大努
力）で行うことです。テニスへとつながる、パワーアップを目指していき
ましょう。

モデル◎清水悠太

Vol.

08

瞬発系
トレーニング

トレーニング 1 下半身から上半身へ エネルギーを連動するため、基本のスクワット

効果 体幹部分を安定させジャンプ動作へとつなげる動きづくり

　これまでのトレーニングで股関節、膝、足首の3関節を大きく使い下半身で生み出したエネルギーを、今度は上半身へ伝えていくためのジャンプ系トレーニングを行っていきます。その前段階として、ベースとなるスクワットポジションをつくり、体幹部分を締めた状態にするためのチューブトレーニングを紹介します。

　リング状の長いチューブを使います。プレーヤーは端を持ち、腕を胸の前に伸ばします。パートナーはチューブの反対側の端を持ち、横からピンと引っ張ります。チューブの張力が働いている中で、お腹を締めてスクワットを行います。

チューブのほうに腕を持っていかれないようにお腹を締める

チューブを横にピンと張った状態でスクワットを行う

トレーニング

2

ジャンプ系下肢トレーニング

効果　股関節・膝関節・足関節からのパワー発揮の強化

　ジャンプ系の中で股関節、膝、足首といった下肢の関節を大きく使ったジャンプ系トレーニングを行います。初めは①ドロップスクワットで、立った状態から合図に合わせて素早くしゃがみ込んでスクワットの状態に入ります。足が地面についたときに、腕を後ろに引ききった状態で着地するのもポイントです。この状態からすぐ飛び立てるように準備段階の動きです。単発で5回〜10回。

　次に②ドロップスクワットのあと股関節、膝、足首の3関節を伸ばしてジャンプ動作を行います。単発で5〜10回。最後に③ドロップスクワット＋ジャンプを連続5〜10回行います。

①ドロップスクワット

立った状態から合図に合わせて（瞬時に足を浮かせて）素早くしゃがみ込む

足が地面についたときに、腕を後ろに引ききる

②ドロップスクワット＋ジャンプ

③ドロップスクワット＋ジャンプ×連続

ドロップスクワット＋メディシンボールスロー(真上)

効果 上方向へのパワー発揮の強化

　ドロップスクワット＋ジャンプの動きにメディシンボールスローを入れて行います。メディシンボールを持って構えます(写真)。そこから素早くしゃがみ込み、股関節、膝、足首の3関節をタイミングよく伸ばしてボールを高く持ち上げ、真上か、やや後ろに落ちるような意識で投げます(スクープスロー)。

　しゃがみ込んだときに背中が丸まる(体幹部分が倒れる)とエネルギーを伝えるのが難しくなるので、背筋は伸ばしたままスクワットポジションをとって真上へボールを高く持ち上げます。

素早くしゃがみ込み、ドロップスクワット

股関節、膝、足首の3関節を使って素早く
ボールを持ち上げ、高く投げる

ボールは真上かやや後ろに投げる意識で(落
下してきたボールに当たらないように注意)

トレーニング 4

ドロップスクワット＋
メディシンボールスロー（前方）

効果 前方へのパワー発揮の強化

　トレーニング3と同じ方法で、次は前方への出力を意識します。地面にメディシンボールを置いて、後方からボールに向かって走り込み、両手でボールを持ち上げて、前方に放り出すようにメディシンボールを投げます。

立ち幅跳びのようなイメージ

走り込んでいき、ボールを持ち上げて前方へ放り出すように投げる

5 ドロップスクワット＋
メディシンボールスロー（後方）

効果 後方へのパワー発揮の強化

　トレーニング3と同じ方法、トレーニング4と逆向きになります。次は後方への出力を意識します。投げる方向に対して後ろ向きになり、メディシンボールを持ちます。頭上を通してボールを後方へ投げます。後ろ方向に投げるには、さらに股関節、膝、足首を短時間に爆発的に伸ばしていく必要があります。

後ろに投げることによって、股関節、膝、足首の3関節を短時間に爆発的に伸展させるトレーニングになる

ドロップスクワット+ メディシンボールスロー
（ひねりを入れて後方）

効果 軸足のローディング&パワー発揮の強化

　トレーニング3、4、5と進めてきたあと、今度は身体のひねりを入れていきます。足をセットして軸足に体重をのせて身体をひねり、斜め後ろに向かってメディシンボールを投げていきます。軸足に体重をのせて身体をひねるローディングから、パワー発揮へと続く動作の切り返しを意識し、ボールを下から上へ持ち上げるように山なりのボールで飛距離を伸ばすように投げていきます。下半身の3関節を大きく使い、エネルギーをボールに伝えます。

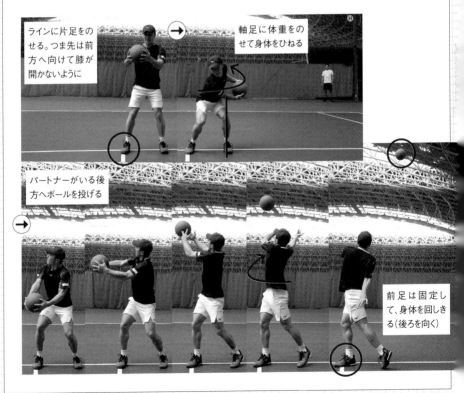

ラインに片足をのせる。つま先は前方へ向けて膝が開かないように

軸足に体重をのせて身体をひねる

パートナーがいる後方へボールを投げる

前足は固定して、身体を回しきる（後ろを向く）

瞬発力強化のジャンプ系トレーニング①
アンクルホップ

効果 ふくらはぎの瞬発力強化&着地時の姿勢づくり

瞬発力強化のためのジャンプ系トレーニングを2種類行います。まず、地面の反発を得るためのアンクルホップジャンプ。背筋を伸ばして立ち、股関節、膝、足首をあまり曲げず、その場でジャンプ。着地した瞬間に体をしっかり締める感覚で、その場で弾んでいきます。連続10回。

❌ つま先が下に落ちたり、膝が曲がると反発が得られず、吸収した動きになる

股関節、膝、足首をあまり曲げず、着地のときに身体を締める感覚で弾む。パッパッパッと乾いた音がする

瞬発力強化のジャンプ系トレーニング②
ダブルレッグホップ

効果 全身の瞬発力強化

　瞬発力強化のためのジャンプ系トレーニングで、短い接地時間で地面からの反発を得て出力するダブルレッグホップ、いわゆるニージャンプです。　この種目も接地の瞬間には股関節、膝、足首をあまり曲げないようにします。空中では、股関節、膝を素早く曲げて膝を胸の高さくらいまで引き上げてください。接地時間を短く、対空時間を長くできるように意識をして行います。連続5回。

股関節、膝、足首をあまり曲げずにジャンプ＝出力する

瞬発力強化のジャンプ系トレーニング③
ダブルレッグホップ（アレンジ）

効果　前方移動＆横方向への移動をともなう全身の瞬発力強化

　トレーニング7、8を合わせます。設置したコーンの間をアンクルホップ→ダブルレッグホップを交互に行って移動（前進）していきます。足の設置の時間をできるだけ短く行うのがポイントです。次は横向きとなり、ダブルレッグホップで移動します。

前向き

アンクルホップ

横向き

ダブルレッグホップ　アンクルホップ

❶前向き
①その場でアンクルホップ
②ダブルレッグホップで前進
③アンクルホップとダブルレッグホップを交互に行う

❷横向き
①その場でアンクルホップ
②ダブルレッグホップで横移動
③アンクルホップとダブルレッグホップを交互に行う

ダブルレッグホップ

いずれも足の設置時間を
短くすることがポイント

オンコートでは動く範囲によって使うステップが変わってきます。ここでは、主に大きな範囲をカバーするためのフットワークのトレーニングを行っていきます。動き出しのスピードを上げ、大きな範囲をカバーするためには地面からの反力をうまく利用する必要があります。地面を強く踏むことができれば、跳ね返ってくる力も大きくなります。この反力を利用するのです。動く方向によって足の接地場所は変わってきます。横方向、前後、斜め方向と進みたい方向によっての足の接地場所も意識してトレーニングを行うと効果的です。

　後半ではブレーキング（止まる）動作のトレーニングを紹介していきます。コート上で動き出しのスピードを上げることができない選手に多く見られるのが、ブレーキングをうまくできないということです。たとえていうと、高速走行ができるF1などの車はスピードを出せる能力が高いのと同時に、ブレーキング性能が高いということです。ブレーキング性能が低ければ怖くてトップスピードを出すことはできません。コート上でも同じことが起こります。うまく止まることができないと、スピードを出すことはできないのです。動くこととブレーキング（止まる）を同時にトレーニングしていくのが、フットワークのトレーニングの中では重要になってきます。

モデル◎清水悠太（176〜211ページ）、羽澤慎治（212、213ページ）

Vol.

09

フットワーク
トレーニング

アレーコートを使った
往復ジャンプ

効果 地面を踏んで立つ感覚&動的バランスの獲得

　横方向へ移動するときは、進行方向と逆側の左足でしっかりと地面を踏むことで動き出しの推進力が得られます。地面に対して大きな力を加えることができれば、跳ね返ってくる力も大きくなります。ここからは地面反力を利用して動くためのトレーニングです。まず、写真のようにサイドライン上で片足立ちになります。靴の上に膝、股関節が並ぶようにして、地面に対して真っ直ぐ立ちます。もう片方の上げているほうの足は、身体を支えている左足に軽く添え、肘は軽く曲げておきます。

　そして2本のサイドライン上をそれぞれ外側の足を使って往復ジャンプします。左足で片足立ちした姿勢がレディポジション、ここからスタートして反対側のサイドラインに向かってジャンプし右足をついたら、すぐに蹴り返して元の場所へ戻って左足で立ちます。往復で1回とカウントし、10回×左右行います。

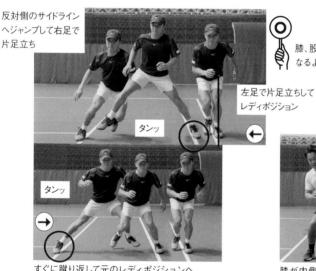

反対側のサイドライン
へジャンプして右足で
片足立ち

膝、股関節が一直線に
なるように意識

左足で片足立ちして
レディポジション

タンッ

タンッ

すぐに蹴り返して元のレディポジションへ、
左足で片足立ち

膝が内側に入ると身体が倒れて
しまう

トレーニング 2

アレーコートを使った 往復ジャンプ+チューブ

効果 地面を踏んで立つ感覚&動的バランスの獲得

トレーニング1の動きにチューブで負荷を加えます。プレーヤーは腰にチューブを巻き、パートナーは横からチューブを引っ張って負荷を加えます。プレーヤーは負荷に負けないようにしっかりと地面を踏んでピタッと止まるように意識して行います。できるだけ地面に足がついた瞬間に片足立ちのレディポジションで入れるようにしていきます。往復で1回とカウントし、10回×左右行います。

パートナーはチューブを持って、
動きに負荷をかけていく

地面を蹴って 横へ大きく移動

効果 地面反力を利用した横方向への推進力の強化

トレーニング1、2で足を上から下へ踏んで地面をとらえる感覚をトレーニングしましたが、次はその動きに靴の内側を使って地面を蹴る動きを加えていきます。身体を横方向へ押し出すようにして大きく移動していきます。サイドラインから反対側のサイドラインまで、横に移動してください。

大きく横へ移動するために低い姿勢をつくり、低い中でも地面からの反発を得るため、しっかりと地面を踏んで（足音を鳴らす感じで）弾いていきます。そして脚を引き上げ、股関節、膝、足首をタイミングよく伸ばして、地面からの反発を推進力に変えて進みます。コート1往復×1〜2セット。

足音を鳴らすような感じで、タンタンッ

靴の内側で地面を蹴って、身体を横（進行方向）へ送り出す

レディポジション

進行方向逆足は股関節、膝、足首を伸ばして地面を蹴り、横方向へ推進力をつける

トレーニング 4
地面を蹴って 横へ大きく移動＋チューブ

効果　地面反力を利用した横方向への推進力の強化

　トレーニング3の動きにチューブで負荷をかけます。プレーヤーはチューブを腰に巻き、パートナーはプレーヤーの進行方向と逆サイドからチューブを引っ張ります。プレーヤーは足の送りに負荷がかかるので（オーバーロード）、チューブの負荷に負けないようにしっかりと地面を蹴ってスタートしてください。5〜10回。

チューブを使って動き出しに負荷をかける

チューブの負荷に負けないように、靴の内側で地面を蹴って、身体を横（進行方向）へ送り出す

進行方向逆足は股関節、膝、足首を伸ばして地面を蹴り、横方向へ推進力をつける

地面を蹴って横へ大きく移動

トレーニング 5

（クロスオーバーステップ）

効果 **動き出しからブレーキング動作までをつなげる**

トレーニング5では、足で地面を踏んで身体を横方向へ送り出す感覚にクロスオーバーステップを入れて、オープンスタンスで打球するイメージのブレーキング動作までつなげていきます。

先に重心を移動させるというよりも、しっかりと地面を踏むことによって結果として身体が送り出されるという意識が重要になります。重心が先に行きたい方向へ移動してしまうと、地面を強く踏むことができなくなるので、地面を踏んだ瞬間に重心を移動するというイメージで行っていきます。5〜10回。

踏んで　踏んで　GO!

オープンスタンスでブレーキング

船の船頭が櫂を進行方向と逆について、推進力を得るイメージ

トレーニング **6**

地面を蹴って横へ大きく移動＋チューブ（クロスオーバーステップ）

効果 動き出しからブレーキング動作までをつなげる

　トレーニング5の動きにチューブで負荷をかけます。プレーヤーはチューブを腰に巻き、パートナーはプレーヤーの進行方向と逆サイドからチューブを引っ張ります。プレーヤーは足の送りに負荷がかかるので（オーバーロード）、チューブの負荷に負けないようにしっかりと地面を蹴ってスタートしてください。5〜10回。

地面を蹴って足を引き上げ、クロスオーバーステップへつなげる

チューブを使って動き出しに負荷をかけ、プレーヤーはチューブの負荷に負けないようにしっかり地面を蹴る

切り返しサイドラインジャンプ

効果 **切り返し動作の動きづくり**

　続いて、切り返しのトレーニングです。アレーコートを使います。片足（左足）をダブルスのサイドラインにかけて立ち、トントントンと両足で弾んでおきます。合図で反対側のサイドラインへジャンプをして移動し、同じく左足をサイドライン上に着いて地面をしっかりとらえたら、素早く元に戻ります。

　切り返しの際、戻りたい方向と逆方向へ重心が移動すると、そのあと重心を進行方向へ大きく移動させなければならずロスが生じます。たとえ重心が両足の真ん中にあったとしても、進行方向へ重心を移動させるためにロスが生じます。そこで、着地した際に重心を戻りたい方向に置くように切り返しの姿勢を意識して行います。5〜10回。

切り返しで着地した際、すでに重心は左足

低く構えてトントントンと弾む

切り返しで重心が外にあると、移動の際に重心を進行方向へ大きく移動させなければならなくなる

切り返した際、重心を戻りたい方向に置く

クロスオーバーステップで切り返し

効果 **大きな移動をともなう切り返し動作の動きづくり**

続いて、クロスオーバーステップを入れて移動距離を長くして、切り返しのトレーニングを行います。トレーニング7と同じようにアレーコートを使います。ここでは距離を長くするためサイドラインの外側からスタートしましょう。内側の足でサイドラインを踏んでレディポジション、トントントンと弾んで、クロスオーバーステップでアレーコートを飛び越えます。内側の足で着地して切り返します。着地した際、重心がサイドラインの外に流れないように、内側の足の上に重心がのるようにします。往復5〜10回。

レディポジションでトントントンと弾む

クロスオーバーステップで反対側のサイドラインへ移動し、内側の足でサイドラインに着地

内側の足の上に重心を置いて切り返す

切り返しサイドラインジャンプ ＋チューブで負荷

効果 切り返し動作の動きづくり

　トレーニング7と同じ方法でチューブを使用して負荷をかけます。プレーヤーはチューブを腰に巻き、パートナーはプレーヤーのスタート地点でチューブを持ちます。プレーヤーの進行方向から引っ張ることでオーバースピードになるので、スピードがのった状態での切り返しをトレーニングします。往復5回。

チューブを使ってスピードがのった状態で切り返す

トレーニング 10

クロスオーバーステップで切り返し+チューブで負荷

効果 大きな移動をともなう切り返し動作の動きづくり

　トレーニング8と同じ方法でチューブを使用して負荷をかけます。プレーヤーはチューブを腰に巻き、パートナーはプレーヤーのスタート地点でチューブを持ちます。プレーヤーの進行方向から引っ張ることでオーバースピードになるので、スピードがのった状態での切り返しをトレーニングします。往復5～10回。

チューブを使ってスピードがのった状態で切り返す

11 後方へ下がるフットワーク

効果 地面反力を利用した後方への推進力の強化

　次は後方へ下がるフットワークのトレーニングです。横方向へ移動するときに進行方向と逆に足を着いて身体を送り出したように、後ろに下がるときは進行方向と逆＝前に足をついて身体を後方へと送り出します。

　サービスライン付近に構え、左右交互に足を踏み替えて後ろ方向に出力しましょう。左右合わせて10回が目安。後ろに足をついたときに重心を後ろ足の上にのせ、身体をやや後方に傾けながら腰を切って移動します。

レディポジションでトントントンと弾む

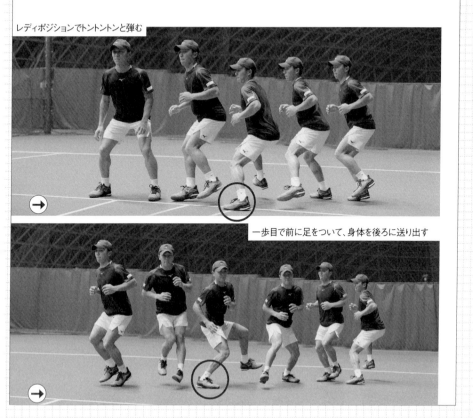

一歩目で前に足をついて、身体を後ろに送り出す

後方へ下がるフットワーク＋チューブ

効果 　**地面反力を利用した後方への推進力の強化**

　トレーニング11の動きにチューブで負荷をかけます。プレーヤーはチューブを腰に巻き、パートナーはプレーヤーの前に立って前方からチューブを引っ張り、プレーヤーといっしょに後方へ動いていきます。プレーヤーはチューブに身体を任せるように、少し後ろにもたれかかるぐらい重心をやや後方に傾けながら腰を切って移動します。左右合わせて10回。

後ろに足をついたときに重心を後ろ足の上にのせて切り返す。チューブにもたれかかるイメージで動く

トレーニング 13

スマッシュのフットワークと素振り＋チューブ

効果 **後方移動のフットワーク強化（スマッシュ）**

トレーニング12と同じ方法でチューブを使用して負荷をかけ、バッククロスオーバーステップで後方へと移動。スマッシュの素振りへと動きをつないでいきます。プレーヤーはチューブを腰に巻き、パートナーはプレーヤーの前に立って前方からチューブを引っ張り、プレーヤーといっしょに後方へ動いていきます。プレーヤーはチューブに身体を任せるように、少し後ろにもたれかかるぐらい重心をかけながら後方へ下がりスマッシュの素振りをします。5〜10回。

後ろに足をついたときに重心を後ろ足の上にのせて切り返す。
チューブにもたれかかるイメージで動いてスマッシュ

前後のフットワークで
ジャグリング

効果　ランダムな前後のフットワーク強化

　トレーニング10から13の後ろへ下がるフットワークを応用して前後に動き、その中でジャグリング（複数のボールを空中で投げたり取ったりする動作）を行います。ネットの方向を向いたプレーヤーの前にパートナーは立ち、複数のボールを持ちます。プレーヤーに対して前と後ろをミックスしてボールを投げ、前後に動かしてください。プレーヤーは前進、後退の際の切り返しをしっかり行いましょう。プレーヤーはボールをキャッチしたらすぐにパートナーに投げ返します。6〜10回。

プレーヤーは動く方向と逆方向に足をついて地面を蹴り、推進力を得て動く

メディシンボールを使った 8の字フットワーク

効果 細かなフットワークとスイング動作の安定性の両立

　次はディスクマーカーとメディシンボールを使い、8の字のフットワークの中を細かなフットワークで移動していきます。メディシンボールをキャッチして投げるときはストロークを意識して、足をしっかりと止めてスイング動作を安定させます。

　プレーヤーは2つのマーカーの間に立ち、パートナーはプレーヤーの前にメディシンボールを持って立ってください。プレーヤーは2つのマーカーより前からスタートします。そしてパートナーの動きをよく見て、細かなステップでマーカーの後ろを回り、投げられたメディシンボールをキャッチ&スローします（フォアハンドまたはバックハンドを打つイメージ）。投げたあとはマーカーの前を回り元の位置へ戻りながら、逆サイド側へ動いて同じようにキャッチ&スローを行います。そうすると8の字の動きになります。左右続けて6〜10回。

8の字を描くような動き

ボールを追うときは細かなステップ。キュキュキュッと音がする

投げるときは軸足を決めて踏み込んで(足を止めて)投げ、
投げたとはすぐにサイドステップでマーカーの前を回る

メディシンボールを使った 8の字フットワーク（回り込み）

効果 細かなフットワークとスイング動作の安定性の両立

トレーニング15と同じ方法で8の字のフットワークをし、メディシンボールをキャッチ＆スローしますが、ここでは両サイドで回り込みの動きをします。ボールを取るときは細かなフットワークで、投げるときには足を止めてから投げます。回り込みの動きをするには、より大きくサイド方向へ身体を移動させる必要があるため、必然的に動く範囲が広がります。6〜10回。

8の字を描くような動きで回り込みのフットワーク。
キュキュキュッと音がする

軸足を決めて踏み込んで投げ（足を止めるのでここで音はしない）、
投げたらすぐにサイドステップでマーカーの前を回る

トレーニング 17 テニスボールを使った 8の字フットワーク（ボレー）

効果 ボレーの大きなフットワークと止まる動作の両立

トレーニング15、16と同様に8の字に動きます。ここではディスクマーカーとテニスボールを使い、ボレーのフットワークを想定して行います。プレーヤーは後ろから前へ大きなステップでボールをキャッチ、すぐに投げ返して、（マーカーの前から）後ろを通って逆サイドへ移動します。フォアボレー、バックボレーを打つイメージで左右続けて6〜10回行います。ボールキャッチをするときは大きなステップで、キャッチするタイミングは前足の踏み込みと同時です。

胸、へそが正面を向いたままキャッチ

ボレーを想定しているのでボールの方向にやや半身となり、へその前でキャッチ。大きなステップで、踏み込み足と同時にキャッチする

投げたらすぐにサイドステップでマーカーの前から後ろへ回る

テニスボールを使った
8の字フットワーク（回り込みボレー）

効果 ボレーの回り込むフットワークと止まるフットワークの両立

トレーニング17の応用です。同じようにディスクマーカーとテニスボールを使い、ボレーのフットワークを想定して行います。ここではボールをキャッチする際に回り込み、身体をかわす動きを入れます。プレーヤーは後ろから前へ大きなステップでボールに近づきながら回り込み、身体を横にずらしてボールをキャッチするためのスペースをつくります。キャッチしたらパートナーに投げ返し、（マーカーの前から）後ろを通って逆サイドへ移動します。回り込みフォアボレー、回り込みバックボレーを打つイメージで左右続けて6〜10回行います。

ボールをキャッチするときは大きなステップで、踏み込み足と同時にキャッチ

回り込みボレーを想定しているのでやや半身となり、へその前でキャッチ

踏み込み足と同時にキャッチ

クロスオーバーステップからの切り返し

効果　**オンバランスとオフバランスの切り替えの感覚獲得**

オンバランスとオフバランスの切り替えのトレーニングをアレーを使って行います。写真のようにサイドラインの外側に、両足を広げて構えます。トントントンとリズムをとり、自分のタイミングでライン外へ腰を切ってクロスオーバーステップで移動します。移動したら、素早く腰を切り戻し両足を広げて構えます。

両足を広げて構えたときはオンバランス、反対側のサイドライン外側へ行くときはオフバランス。オフバランスのあとにブレーキングし、すぐに立て直してオンバランスにします。こうしてバランスをリカバリーします。

> コーチの合図で動き出す

最初は自分のタイミングで移動。次はコーチの合図で移動する。コーチが手拍子を打った瞬間にクロスオーバーステップで移動

✓ オンバランスとオフバランス

バランスには、オンバランスとオフバランスがあります。オンバランスというのは、両足の間に重心が保たれている状態、バランスが崩れていない状態です。ただし崩れていないということは、この状態（スタンスが広くニュートラルな状態）だと、動きが起こりづらいということがいえます。例えば、サイド方向へクロスオーバーステップで大きく動く場合は、重心を両足のスタンスの外に出す必要があります。重心をスタンスの外へ出して自らバランスを崩す（重心を移動させる）ことによって動作を起こすのです。

動作を起こしたあとは、バランスが崩れたままの状態にしておくわけにはいきません。そのままにすると進行方向に走りきってしまうため、ブレーキングをします。そこですぐに足を踏み替えてバランスを立て直します。このように動作は「オンバランス（両足のスタンスの間に重心が保たれた状態）」と「オフバランス（崩した状態）」の繰り返しとなり、両方が重要です。

オンバランス

スタンスは広く、身体の重心はスタンスの中央にある。トントントンとリズムをとり、反対のサイドライン外へ移動するタイミングを測る

トントントン

動作はバランスを崩して始まる

オフバランス

自分のタイミングで反対側のサイドライン外側へ、クロスオーバーステップを使って移動するが、スタンスの外に重心が出て、バランスは崩れた状態

バッ!

バッ!

バッ!

バッ!

バッ!

バッ!

オンバランス

サイドライン外側でしっかり止まり、すぐに構える。スタンスの中央に重心がきて、バランスが保たれる

トントントン

トントントン

20 飛びつき動作からの切り返し
（テニスボール）

効果 ボールに対しての動きの中でのオンバランスとオフバランスの感覚獲得

トレーニング19の内容を、ボールを2球使って行います。パートナーはボールを2球持ってプレーヤーの前に立ち、左右交互にボールを空中に投げます。1球ずつ投げますが、プレーヤーがキャッチしたボールをすぐに投げ返してきますので、間を空けずに次のボールを投げてください。プレーヤーはトレーニング19と同じ動きで、ボレーで飛びつくように左右に大きく動きます。ボールをキャッチしたらすぐにパートナーに投げ返してください。10回繰り返します。

 ## 柔軟性は大切な要素

デモンストレーションをしている清水選手は毎日欠かさずストレッチを行っていて、フル開脚、フル前屈ができる可動域を持っています。それは、ギリギリの状況でも足を開脚して追いつくことができ、身体を起こし、ボールをコントロールして打つことができる、バランスが崩れないプレーにつながります。スタンスを広げ、オンバランスをキープするためには柔軟性も大切な要素です。

トレーニング
21
飛びつき動作からの切り返し
（メディシンボール）

効果 | **スイング動作をともなうオフバランスからオンバランスへのリカバリー**

　このトレーニングもオンバランスとオフバランスが交互に出てきますが、オフバランス（バランスを崩した状態）から始めて、立て直すトレーニングです。

　リターンポジションの近くにメディシンボールを持って立ってください。❶左利きの清水選手は左足で片足立ちして、テークバックします。❷今にもバランスが崩れる状態から重心を移動し続けて、その中で❸ボールを前方へ投げます（言い換えるとリターンを打ちます）。❹すぐにブレーキングをして足を踏み替えて、バランスを立て直します。❺ボールをカバーリング。これもスタンスの外に重心を移動してオフバランスで移動（❹）、❻ワンバウンドでボールをキャッチ。❼スタンスの中央に重心を保ち、オンバランスで投げ返します。これで1回。

初めから左足に体重をのせておき、進行方向にバランスを崩しながらボールを投げる

外側に重心が流れて崩れたバランスを、次の一歩で立て直し、逆サイドへの動きをスムーズに行う

バランスを立て直して、逆サイドに出たボールをキャッチ

正確にパートナーに投げ返す

トレーニング 22 シグナルに合わせて斜め前、斜め後ろに動く

| 効果 | 斜め前後への方向転換能力とフットワーク強化 |

　写真のように4ヵ所にディスクマーカーを設置し、その中央にプレーヤーは構えます。パートナーはプレーヤーの正面に立ち、斜め前、斜め後ろにあるディスクマーカーを指してシグナルを出します。プレーヤーは指示された方向へ大きなステップで素早く動き、ディスクマーカーの近くに足を正確に止めて切り返し、元の場所へ戻ります。ちょこちょこ細かく動くステップは使わず、大きなステップ、クロスオーバーステップで動きましょう。6〜10シグナル。初めは少ない回数から行います。

プレーヤーは4つのディスクマーカーの中央を定位置に、スタンスを広げて重心を落として構え、トントントンと弾んで柔らかく構える。ワンプレーごとに定位置に戻る

✓ スピードトレーニング──多方向への加速と減速

　テニスのスピードは大きく2つに分けて考えることができます。ひとつが直線を走るスピード、シンプルなスプリント（短距離走）です。もうひとつが多方向に走り、方向転換するスピードです。テニスの場合は、どの方向にボールが来るかわからないような状況の中で、各方向に素早く動くためのフットワークのスピードや、方向転換をして戻るスピードがあります。

　広い範囲を移動するときはクロスオーバーステップを使って一歩を広げ、狭い範囲を移動するときはアジリティ（敏捷性）の意味でサイドステップを使います。それぞれにフォーカスしたトレーニングを行って、ひとつのものに積み上げていくように進めましょう。

パートナーが指示

ディスクマーカーの近くに正確に足をつく

トレーニング 23
ボールとの距離感を測りながら多方向へ動いて切り返す

効果 ボールに対してのフットワーク調整＆多方向への自由度の高い動きの獲得

　トレーニング22と同じシチュエーションで、ここからはボールを使ってボールとの距離感を測ることもトレーニングしていきます。パートナーは両手にそれぞれボールを1個持ってください。まずは手のシグナルでプレーヤーが動く方向を指示します。プレーヤーはシグナルの方向へ素早く動き、マーカーの近くに正確に足を止めて、方向転換して元の場所へ戻ります。

　パートナーはプレーヤーが戻る動きに合わせて、持っているボールを球出ししてプレーヤーをさらに動かしていきます。プレーヤーはパートナーがボールを下から上に投げたらノーバウンドでキャッチし（その後、パートナーにやさしく投げ返します）、上から下に投げたらワンバウンドでキャッチします（その後、パートナーにやさしく投げ返します）。プレーヤーはワンプレーごとに元の場所へ戻って構えてください。マーカーへ動くことと、ボールをキャッチして投げ返すことを交互に行います。6～10シグナル。初めは少ない回数から行います。

✓ どれくらい減速して足をつけばぴたりとボールに合うかを身体で覚える

　足と目の協調性、手と目の協調性、足と手の協調性など、テニスではいずれも重要ですが、その中でも特に"足を正確につく"ということにこだわりをもって行ってほしいと思います。

　砂入り人工芝コートでのプレーを思い浮かべてください。例えばラインを目印に走って止まり、切り返す動作を行ったとします。足をザーッと滑らせてラインに対して正確に止まれますか？　私のこれまでの経験上、多くの方がズレてしまいます。ラインをかなりオーバーして切り返してしまう人やラインよりも手前で切り返してしまう人が多いです。どちらも良い動きとは言えません。

　ラインをオーバーしてしまう人は、単純に考えれば時間がかかるということ、つまり遅くなります。また、ラインに足が届かない人は、ボールに十分追いついていないということです。ですから、足を正確につくことを目指すことによって、プレーは正確になっていきます。それが自分のスピードをコントロールするということでもあります。どれくらい減速して足をつけば、ぴたりとボールに合うかを身体で覚えることが、テニスではとても大事なことです。

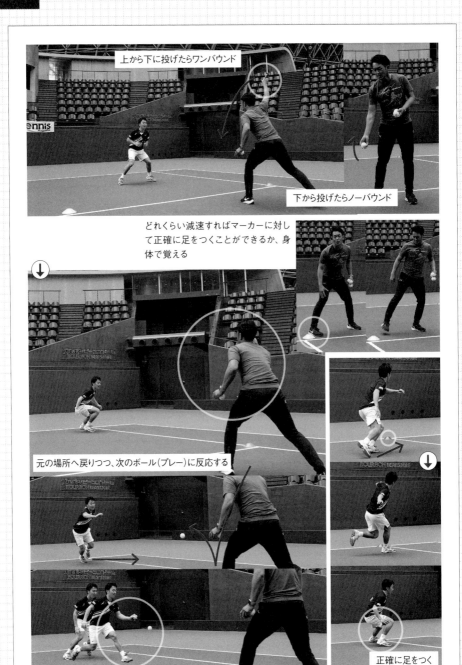

上から下に投げたらワンバウンド

下から投げたらノーバウンド

どれくらい減速すればマーカーに対して正確に足をつくことができるか、身体で覚える

元の場所へ戻りつつ、次のボール(プレー)に反応する

正確に足をつく

✓ 加速とブレーキング、両方鍛える必要がある

　加速の次はブレーキング（減速）をトレーニングしていきます。テニスは、短い時間の中で加速とブレーキングを繰り返し行うスポーツです。そして、ボールを打って狙ったところにコントロールするという、動作の再現性が求められるスポーツでもあります。止まる能力がすぐれていないと動きのブレが大きくなりスピードを出すことが難しくなります。ノバク・ジョコビッチがまさにそうで、トップスピードを出せる一方で、その後のブレーキング能力も非常に高い選手です。この両方の能力がなければ、自分の持っているスピードをコート上で最大限生かすことは難しいです。

　ブレーキング動作では体幹部分のバランスが大切になります。進行方向にスピードがのっている中で頭や体幹部分が進行方向に傾いたままでは止まりづらくなります。止まるためには体幹部分を起こします。それは空気椅子に座っているような状態です。この状態で止まることができれば、その後のスイング動作も身体を起こした状態で軸が立ち、スムーズに回転運動に移行することができます。

空気椅子に座っているような状態で身体を起こして止まる

チューブを使い
ブレーキングの姿勢をつくる

効果 ブレーキング動作の姿勢づくり

　チューブを使っていきます。プレーヤーはチューブを腰に巻き、空気椅子に座るように股関節を曲げて身体を起こします（スクワットの状態）。パートナーはチューブを前から引っ張り、プレーヤーはパートナーが引っ張る方向に対して身体が前に倒れないように（背中にもたれかかるようなイメージで）地面に対してまっすぐに体幹部分を起こし、かかとから足を地面につけながら少しずつ前方へ移動していきます。10回。

パートナーが前に引っ張る力に抵抗するように、後ろにもたれかかるイメージで前に進む

かかとが浮くと膝が流れた状態になる

かかとから入る（つま先は浮き気味でもOK）

チューブを使わず
ブレーキングの姿勢をつくる

効果 ブレーキング動作の姿勢づくり&出力方向の感覚の獲得

　ブレーキング動作というのは、進行方向に対して逆方向に出力をして、この進行方向に働いているエネルギーを打ち消す動作です。トレーニング24での空気椅子のようなスクワットのポジションに、このトレーニング25では助走をつけた状態から入ります。つまり、後ろから助走をつけてスクワットのポジションで止まり、後ろ方向に出力をしていきます。進行方向と逆方向に切り返す意識感覚を持つための種目です。10回。

スクワットのポジションで止まる　　　　　　　　← 後ろから助走をつけて前進

→ 進行方向と逆方向に切り返す（後ろ方向に出力する）

トレーニング 26　チューブで負荷をかけた状態でブレーキングの姿勢をつくる

効果　ブレーキング動作の姿勢づくり&出力方向の感覚の獲得

トレーニング25の方法にチューブで負荷をかけて行います。10回。

ランジ動作で逆方向に出力

効果 ブレーキング動作の姿勢づくり&出力方向の感覚の獲得

　進行方向と逆方向に出力をする感覚を出したあとは、メディシンボールを持って
ランジ動作を行います。ボールがない場合は両腕を胸前に伸ばして行ってもOKで
す。

　メディシンボールを持った腕を胸の前に伸ばします。その状態を維持して一歩前
に踏み込み、かかとから着地して足裏を地面につけ、すぐに蹴り返し（切り返し）ま
す。踏み込んだ足は太ももが地面と平行、膝下にだいたいくるぶしがくるようにしま
す。踏み込んだときにかかとが上がってしまうと脛は前に傾き、進行方向に身体が
流れてしまうので注意してください。10回。

かかとが浮いて
脛が前に傾いて
いると、身体が
進行方向に流れ
てしまう

踏み込んだ方向（進
行方向）と逆方向に
切り返す

かかとから着地して、太ももが地面と平行、膝下にだいたいくるぶし

移動範囲を広げて、加速と逆方向に出力

効果	広い範囲を動いてのブレーキング動作の獲得

　トレーニング25、26で両足でのブレーキングと逆方向への出力の感覚、トレーニング27でのランジを使って踏み込んだ状態からの逆方向への出力の感覚を出した次は、クロスオーバーステップと合わせてオープンスタンスで止まるところまでつなげていきます。

　移動の範囲が広くなる中で加速を打ち消してブレーキングする際は、しっかりと身体を起こして止める感覚が大事になってきます。逆方向に少し蹴り返すぐらいの感覚でちょうどです。かかとが浮いたり、膝、脛が進行方向に倒れて流れてしまわないように。ピタッと止まる感覚を持ってください。もし、動作の中でエラーが起こったら、すぐに次の回で修正を加えて行っていきます。10回。

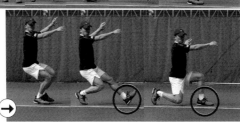

かかとが浮いて、身体が進行方向に流れている

トントンと弾んでおいて、クロスオーバーステップで移動

かかとから入り、オープンスタンスでピタッと止まる

逆方向に少し蹴り返すぐらいの感覚

チューブで加速させて
ブレーキング動作

効果 高速移動の中でのブレーキング動作の獲得

トレーニング28では加速したあとオープンスタンスでブレーキング動作をしました。次はチューブを使って負荷を加えます。パートナーは進行方向からチューブを使ってプレーヤーを引っ張り、スピードが上がった状態（オーバースピード）から、プレーヤーはブレーキングをして切り返します。実際のプレーでは、より速いスピードの中でブレーキングする能力が求められます。ここでチューブを使うことで、プレーヤーが出せる以上のスピードを体感することができます。オーバースピードでブレーキング動作を行うことで、チューブを外した状態での動きが余裕を持って行えるようになります。10回。

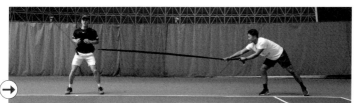

スピードがのった状態の中でしっかりブレーキをかける

身体を起こしてブレーキング、すぐに切り返す

メディシンボールをキャッチしてブレーキング動作

効果 体幹部分のひねりが入った状態でのブレーキング&スイング動作の獲得

　トレーニング29の方法にメディシンボールを加えます。プレーヤーがクロスオーバーステップで移動し、オープンスタンスで止まるのに合わせて（ブレーキング）、パートナーはメディシンボールを投げます。プレーヤーはブレーキングしてボールをキャッチしますが、そのとき体幹部分が地面に対して起きた状態で、膝は進行方向に流れていないように、かかとが浮いていないように注意しましょう。ボールをキャッチしたらパートナーに投げ返して、元に戻ります。10回。

身体を起こしてブレーキングし、メディシンボールをキャッチ

センターからスタートし、スピードがのった状態の中でしっかりブレーキをかける

オープンスタンスでボールを投げ返してセンターに戻る（切り返す）

持久力強化のための
インターバル走

効果 **試合を想定したスピード持久力の強化**

持久力強化のためのインターバル走です。ダブルスコートを往復しながら走ります。走る時間は実際のプレー時間を想定して、10秒と20秒で設定します。10秒（走る）×10秒（休む）、これを繰り返し行います。休息の時間が短いため、かなり息が上がった状態で動くことになります。息が上がっていても動き続けるという全身の持久力の強化を目的に行う種目です。

息が徐々に上がってきますが、息が上がったままだと走れる距離が徐々に短くなってくるため、休息の間は、鼻から息を吸って大きく口から吐く、できるだけ大きな呼吸をして息を落ち着かせられるよう意識をしましょう。

10秒インターバル走は、男子プロでダブルスコート2往復以上、女子プロで約1.75往復から2往復くらいまで走ります。さらに距離を伸ばすことができる場合は、できるだけ長い距離を走るように意識をします。20秒インターバル走では、男子プロで約4往復、女子プロで3.5往復から3.75往復くらいまで走ります。本数を重ねる中でも、1本目に走った距離から短くならないようにキープし続けることも重要になります。

加速したあとラインを踏んで切り返す。切り返しの足は得意な足ばかりで切り返すのではなく、一回ずつ変えよう

ここまでトレーニングしてきたフットワークを総動員させる

往復回数で止まるのではなく、切り返して、できるだけ長い距離を走るように意識しよう

相手との距離が近いネットプレーでは、ベースラインでのプレーに比べてボールも早く返ってくるため反応の時間も短くなります。例えば、ボールを打ったあとに踏み込んだ方向に身体が流れてしまうと、次の構えに移るためのリカバリーの時間が長くなってしまいます。動きの遅れは次のボールへの遅れにつながってしまいます。

　ボールコンタクトの感覚をていねいなものにするためにも、ブレーキング（止まる）の姿勢を意識していきましょう。前後の動きの多いネットプレーでは、動き出しの足の送りを短時間でスムーズに行う必要があります。進みたい方向ごとの足の設置場所も確認をしながら行ってみてください。

　そして、反応の時間が短くなるネットプレーでは、構え方が特に大切になってきます。構えはコート内のポジションにより変化をします。ネットに近いところに立つと、低いボールはネットにかかるため、自ずとボールを打つ高さは腰より高い位置となります。腰より高い位置でボールを打つ場合には、ある程度、体幹部分を地面に対して起こした姿勢で構えることが重要になってきます。逆にサービスライン付近で構えている場合などでは、胸より高いボールはそのままアウトすることが多くなるため、ボールを打つのは胸から下の低い位置になることが想定されます。この場合には、想定されるボールの高さに合わせて体幹部分をやや前傾させて構えることが必要になってきます。常にテニスをイメージしながら、構え方から動きをつなげていくと効果的です。

モデル◎羽澤慎治

Vol.

10

ネットプレー
全般
トレーニング

横方向へのブレーキングと切り返し

効果 **ボレー飛びつきでの動作での動的バランスの獲得**

　ここからはネットプレーを意識したトレーニングを進めていきます。まずはボレーにつながるトレーニングです。

　アレーコートを使います。片足をサイドラインの上にのせて構え、反対側のサイドラインへ、ボレーの飛びつき動作のイメージでクロスオーバーステップを使い、ラインに足がのるように踏み込みます（左ページ写真）。しっかりと踏み込み足でブレーキをかけて身体を止めてください。そしてその踏み込んだ足を中心に、ライン上にへそがくるように身体をネット方向（正面）へ切り返し、サイドステップで元のスタート位置に戻ります。足を踏み込んでボレー（ボールに触り）、踏み込んだ足を中心に切り返して方向転換、正面を向いて元に戻るイメージです。往復5〜10回。

(✗) ブレーキングが甘いと身体が流れたり倒れたりして、戻る距離が長くなる。スペースを空けることにもなる

(✗) 身体が倒れてしまうと上体が進行方向にもっていかれるため、身体が外に膨らむ。そうすると次のプレーへのリカバリーが遅れてしまう

☑ 踏み込み足でしっかりと ブレーキング

　踏み込んだときのブレーキングがうまくいかないと身体が流れたり、倒れたりします。そうするとラインの外側に身体が移動してしまうため元の場所までの距離が長くなり、身体を外側から回すように方向転換することになります（右ページ写真）。また同時に戻らなくてはいけないスペースを大きく空けてしまうことにもなり不利です。踏み込み足でしっかりとブレーキングをすることが大切です。

ブレーキングすることを意識してクロスオーバーステップで踏み込む

しっかり身体を止めればその場で足を踏みかえることができる。身体をネット方向（正面）へ切り返す

踏み込み足でブレーキングをして切り返し、スタート位置に戻る。しっかり止まって土台を安定させてボレーを打つイメージ

トレーニング 2
横方向へのブレーキングと切り返し（チューブを使用）

効果 ボレー飛びつきでの動作での動的バランスの獲得

　トレーニング1の動きにチューブで使って負荷をかけます。プレーヤーはチューブを腰に巻き、パートナーはプレーヤーの進行方向からチューブを引っ張ります。そうするとプレーヤーは進行方向にスピードが出ます（オーバースピード）、スピードが出た状態で足を踏み込んでしっかりブレーキングし（ボレーを打つイメージ）、その踏み込み足を中心に身体をネット方向（正面）へ切り返し、サイドステップで元のスタート位置に戻ります。チューブの勢いに負けないようにしっかりと地面を踏んでブレーキングしてください。5〜10回。

✕ パートナーが進行方向からチューブを引っ張ることで、プレーヤーは進行方向にスピードが出る。その中でしっかりブレーキングしなければ身体は進行方向に流れてしまう

パートナーが進行方向からチューブを引っ張ることで、プレーヤーは進行方向にスピードが出る。ブレーキングを意識してクロスオーバーステップで踏み込む

しっかり身体を止めればその場で足を踏みかえることができる。身体をネット方向（正面）へ切り返す

サイドステップで元に戻る

スタート時の足の送り（方向転換）

効果 ボレー飛びつき動作の初速を上げる

次はスタート時の足の送り、方向転換についてです。右方向に移動したいときは左足で、左方向に移動したいときは右足で地面を蹴って、進みたい方向に身体を押し出します。

アレーコートの中央に立ち、左右サイドラインを使います。左右の足でライン上をポンポンポンポンと踏み替えて移動してください。それは大きくゆったりした動きではなく、小さく短い時間での動きです。つま先はまっすぐ前に向けて靴の内側で地面（ライン）を踏んで身体を押し出します。左右ステップで1回×連続10回。

 膝、つま先が外向きのガニ股は、身体を行きたい方向へ押し出せない

 大きくゆったりした動き

☑ つま先が外向きのガニ股、内向きの内股は×

よくないパターンで多いのがつま先が外向きのガニ股と膝、つま先が内向きの内股です。これらは進みたい方向に対して、靴の内側で地面を蹴って身体を押し出すことがしづらくなります。正しくはつま先をまっすぐに前に向けて、左右両足とも靴の内側を使ってラインを踏むことです。身体を進みたい方向に押し出しやすくなります。

足の設置時間を短く、左方向に
行くときは右足で身体を押し出す

足の設置時間を短く、右方向に行く
ときは左足で身体を押し出す

◎ つま先はまっすぐ前向きで、短い時間でライン
上をポンポンポンポンと踏み替えて移動

✕ 膝、つま先が外向きのガニ股

横方向への足の送り＋ブレーキング（方向転換）

効果　**ボレー動作の初速を上げる&ブレーキング動作の安定性獲得**

トレーニング1、2、3の方法を応用していきます。パートナーはテニスボールを複数個持ってプレーヤーの前に立ちます。プレーヤーはパートナーが左右に交互にボール投げてきますので、ボレーの飛びつき動作のイメージで、クロスオーバーステップで踏み込んでノーバウンドでボールをキャッチ。キャッチしたらすぐにパートナーに投げ返します。左右5回ずつで10回。

トレーニング3のスタート時の足の送り、トレーニング1、2の横方向へのブレーキングと切り返しを合わせてトレーニングしましょう。進行方向に対して反対の足で地面を踏んで身体を送り出し、踏み込んだ足を安定させます。次の瞬間、その場で足を切り返して正面向きに方向転換。続いて反対サイドにボールが出てくるので、クロスオーバーステップで踏み込んでノーバウンドでボールをキャッチ。踏み込んだ足を安定させて、次の瞬間、その場で足を切り返して正面向きに方向転換します。

踏み込んだ足を安定させて、その後、切り返す

進行方向に対して反対の足で地面を踏んで身体を送り出す

踏み込んだ足を安定させて、その後、切り返す

左足で送り出し、右足、左足でクロスオーバーステップを踏み込む

前方移動から左右への足の送り＋ブレーキング（反応＆判断と方向転換）

効果 ボレー動作のフットワーク強化（横方向への飛びつき）

　次に、前方に移動しながら横方向への方向転換が入ったトレーニングです。トレーニング1から4で行った反応と判断（進行方向への足の送り）とブレーキング動作に、前方移動から横方向への方向転換が入ります。

　後方から前方へまっすぐに移動し、サービスラインでスプリットステップを踏みます。空中に足が浮いている中で、パートナーは正面からテニスボールを左右どちらかに球出しをします。プレーヤーは球出しのボールに反応し、左右どちらにくるかを判断したら、足の送り（進みたい方向と逆に足をついて身体を送り出す）を使って、ボレーの飛びつき動作のイメージでボールをキャッチ。踏み込んだ足を中心にその場で切り返して正面を向き、ボールはパートナーへ投げ返して、バックステップで元の場所に戻ります。連続5回。

上体を起こして構えると高いボレーへも素早く反応できる

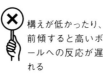
構えが低かったり、前傾すると高いボールへの反応が遅れる

☑ 助走のスピードを上げすぎない

サービスラインに向かう助走が速すぎると、止まるために強くブレーキをかけることになり、動きが途切れてしまうことがあります。一度止まった身体を動かすには大きなエネルギーが必要になり、動きが遅れます。ですから、次のプレーをするために場所を移動するという意識がよいでしょう。

やや後ろから前につめてスプリットステップ

踏み込んだ足を中心にその場で切り返して正面を向き、ボールはパートナーへ投げ返す

球出しが左右どちらにくるか判断して、進みたい方向と逆に足をついて身体を送り出す

バックステップで元の場所へ戻る

前方移動からさらに前方への足の送り（反応&判断と方向転換）

効果 ボレー動作のフットワーク強化（前方への踏み込み）

　トレーニング5の続きです。今度は前方に移動してスプリットステップをしたあと、さらに前方への踏み込みを入れたトレーニングです。トレーニング1から5で行った反応と判断（進行方向への足の送り）とブレーキング動作を前方に向けて行います。

　後方から前方へまっすぐに移動して、サービスラインでスプリットステップを踏みます。空中に足が浮いている中で、パートナーは正面からテニスボールを左右どちらかに短く球出しをします。プレーヤーは左右どちらかを判断して、足の送り（進みたい方向と逆に足をついて身体を送り出す）を使って、ボレーを打つイメージでボールをキャッチ。踏み込んだ足を中心にその場で切り返して正面を向き、ボールはパートナーへ投げ返して、バックステップで元の場所に戻ります。連続5回。

足の送り（進みたい方向と逆に足をついて身体を送り出す）は
この場合、後方について身体を前方へ押し出す

後方から前方へ移動し、サービスライン付近でスプリットステップ

ボールキャッチの際に身体が前に傾かないように起こす

踏み込みとボールキャッチのタイミングが合うように

踏み込んだ足を中心にその場で切り返して元の場所に戻る

前後左右さまざまな方向への足の送り（反応&判断と方向転換）

効果 ランダムな前後の動きの中でのフットワーク強化

次はジャグリング（空中で複数のボールを扱う）を入れて動きづくりをしていきます。トレーニング1から6で行った前後＋左右の動きの中で反応と判断（進行方向への足の送り）、方向転換（切り返し）を行っていきます。

前方へ動いたあとは後方への動きになります。後方へ動いたあとは前方への動きになります。進行方向と逆方向に足をついて、身体を進みたい方向へ送り出します。ボールをキャッチしたらパートナーへ投げ返しますが、そのときパートナーの次のボールがどこへ出るのかよく見ながら動きましょう。

構えは上体を起こし、前に倒れすぎないように

前方へ進みたいときは、後方に足をついて身体を前に送り出す

後方へ進みたいときは、前方に足を
ついて身体を後ろへ送り出す

後方への動きはロブを追う動き

進行したい方向と逆方向に足をついて、身体を進みたい方向へ送り出す

✓ 進みたい方向と逆方向に 足をついて推進力を得る

コート上で素早くパワフルに移動するためには、地面からの反発、そして推進力を得ることがポイントです。船の船頭をイメージしてください。船頭は櫂を使って進みたい方向に対し、逆方向に櫂を着いて川底を押すことで進みたい方向へ移動します。

つまり、移動したい方向が前なら、後ろに足をついて地面を蹴り、身体を前に押し出します。後ろに移動したければ、前に足をついて地面を蹴り、身体を後ろへ押し出します。右（左）に移動したければ、左（右）に足をついて地面を蹴り、身体を右（左）に押し出します。このように移動したい方向に応じて足を踏み替え、地面からの反発で推進力を得るために、これらのトレーニングを行っています。

移動したい方向と逆に足をついて地面からの反発で推進力を得る

前方に移動したいとき

後ろに足をついて地面を押し、身体を前に押し出す

後方へ移動したいとき

前に足をついて地面を押し、身体を後ろへ押し出す。写真は右斜め後ろへ下がっているため、左斜め前に左足をついている

✓ 力を入れるところと抜くところが必要

コート上で素早く動くためには、力を入れるところは入れ、抜くところは抜くという感覚が大切になってきます。綱渡りをイメージしてください。綱の上に立ち、両手を広げてバランスをとりながら前方に進んでいるとき、綱渡りが上手な人は風が吹いて身体が揺られても、身体の中心に力を入れて左右の揺れをコントロールしながら前方に歩いていくでしょう。

こうしたことがなぜできるかというと、力を入れるところと抜くところのメリハリがあるからです。ずっと全身を緊張させていると身体に自由度がないため、風に煽られたらそのまますぐに落ちてしまうのではないでしょうか。

テニスの場合でも、上半身、特に肩周りが過度に緊張してしまうと、その後のスイングは滑らかに行うことができなくなります。体幹部分や身体の中心には力を入れて、ほかの部分は力を抜いておくことによって、自由度の高い動きができ、柔らかな動きと爆発的なパワー発揮が両立できるようになります。

◎ 体幹部分をはじめ、身体の中心は力を入れて、末端の抜くところは抜いて動きをつくる

✕ 体幹部分をはじめ、身体の中心が緩んでいる

体幹部分をはじめ身体の中心には力を入れ、末端は力を抜いて自由度の高い動きをつくる。スイングも最初に末端の力が抜けていると、もっとも出力したいときに大きなパワーを発揮できる

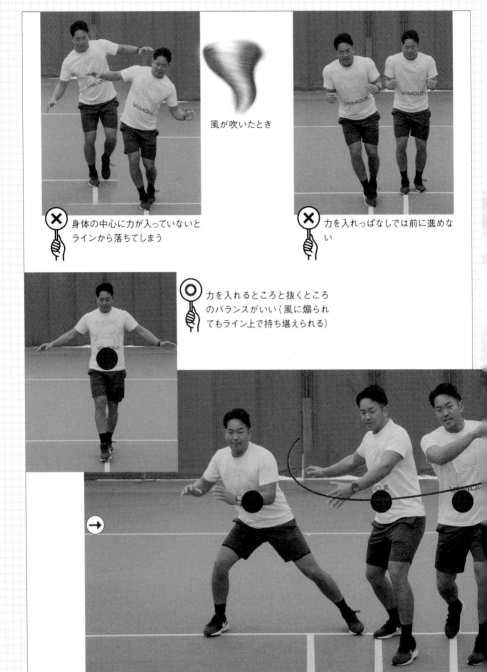

風が吹いたとき

❌ 身体の中心に力が入っていないと
ラインから落ちてしまう

❌ 力を入れっぱなしでは前に進めない

◎ 力を入れるところと抜くところ
のバランスがいい（風に煽られ
てもライン上で持ち堪えられる）

近距離ボレーの
反応トレーニング

効果 **ボールへの反応&ハンド・アイ・コーディネーションの強化**

ボレーのトレーニングです。次はネットに近いところに立った場合の反応のトレーニングです。足は地面につけたまま、上半身の動きだけで行います。パートナーはプレーヤーの正面に立ち、近い距離からプレーヤーの周辺に速いボールを球出しします。プレーヤーは体幹部分を起こしたまま、大きく動くことなく反応して素早くキャッチ。キャッチしたらパートナーに投げ返します。10回。

球出しは速いボール

体幹部分はしっかりと力を入れて構え、末端部分は適度に力を抜く

反応して素早くキャッチ。キャッチしたらパートナーに投げ返す

 足は地面につけたまま上半身の動きだけで反応。体幹部分は力を入れ、末端部分は適度に力を抜いて動きに自由度をもたせる

これは実際のボレーでもよくある間違いで、ネット近くで深い前傾姿勢をとると身体を起こす動きが入るため、ボールへの反応が遅れる

羽を使ったボレーラリー
（ポイント形式）

トレーニング 9

効果　ボレーに必要な複合的な動きを楽しみながら強化する

　横方向の動き、前後の動きをトレーニングしてきましたが、これらを複合型にしていくための羽を使ったゲーム形式でのトレーニングです。ネットを挟み、半面のサービスコートのみを使います。サービスからプレーを始めてミスショットはもちろん、地面に羽を落下させたら失点です。サービスはドロップショットのように前に落としたり、ロブのように頭上に上げてもOKです。レシーバーはしっかり構えて集中力高く、初球から反応できる姿勢をつくっておきます。羽は手の平に当たる瞬間、手の平が向いている方向に飛びます。手の平で羽をとらえる面をつくることから逆算して（相手はどこに飛んでくるか相手の動きから予測して）、足を動かしていきます。

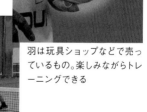

羽は玩具ショップなどで売っているもの。楽しみながらトレーニングできる

初球から相手を動かしていくことがポイント

相手を前方に動かして低くとらせる。非利き手でとらせることも作戦のひとつ。
ラリーが続くと自然と足も動く

前後、左右、高さも使おう

これまでに出会った選手、
指導者の方々が与えてくれた
〈気づき〉に感謝を込めて

最後までお付き合いいただきありがとうございました。

この本の内容は、私がこれまでに選手のトレーニング指導を通して培ってきた経験と、今に至るまでに出会ってきた数々の指導者の方々のアドバイスが元になっています。

トレーニングの内容を考えるにあたり、竹内庭球研究所（テニスラボ）の竹内映二コーチに言われた言葉を思い出します。「テニスの動きに近づけるのであれば、とことん近づけなさい。近づけないのであれば、テニスとまったく別のことをやったほうが

いい。中途半端なのが一番よくない」――この言葉をかけてもらったのが20代の頃だったのですが、今でもはっきりと覚えています。そこから試行錯誤しながらオンコート、ジム、遠征先でとトレーニングを考え、実施する日々が現在まで続いています。

トレーニングは、実施方法によってはテニスの動きにうまくつながらないこともあります。例えば、ストロークのような動作でメディシンボールを横から投げるトレーニングや、遠くまで全力でメディシンボールを投げるトレーニングを行えば、スイングスピードを上げることにはつながるかもしれませ

ん。ただ、同じ感覚でストローク動作を行うといわゆる身体が開いた状態となり、ボールは飛んでいくけれどコントロールはバラバラになるという、テニスの動きにつなげるのが難しい場面を多く経験してきました。

テニスの競技レベルが高いプロ選手などであれば、トレーニングの内容をテニスの動きに変換する能力も高いです。しかし、まだテニスの技術が完成していないジュニア選手などは、トレーニングとテニスがどのようにつながっていくかをまず理解して、実施していくことが大切です。私もジュニア選手や、まだトレーニング経験の浅い選手に指導をする際には、スタンスの重要性や体幹部の役割など、基礎的な部分の説明を繰り返し行うように心がけています。今回はトレーニングの基礎的な考え方を理解していただくために、理論部分の説明も多く入れました。日々のトレーニングを考える上でのヒント

になればうれしいです。楽しみながら過去最高の自分を更新していきましょう！

最後になりましたが、これまで私が出会ってきた選手のみなさんや指導者の方々が与えてくれた〈気づき〉がなければ、本書が生まれることはなかったです。これまで私に関わっていただいたすべてのみなさんに感謝を申し上げます。本書で、繰り返しデモンストレーションを担当してくれた清水悠太選手、仁木拓人選手、羽澤慎治選手にも感謝の気持ちを伝えたいです。

そして、本書の出版の機会を与えていただいたベースボール・マガジン社、執筆に際し多大なサポートをいただいた編集担当の青木和子さんにも心から感謝を申し上げます。

横山正吾

協力	ブルボンビーンズドーム、西宮テニスクラブ
モデル	清水悠太、仁木拓人、羽澤慎治、中畑善寛
写真	毛受亮介、牛島寿人、BBM、Getty Images
デザイン	山﨑裕実華

Tennis
Magazine extra

テニスプレーヤーのための
最新フィジカルトレーニング
テニスフィジバト道場

2024年4月30日　第1版 第1刷発行

著者	横山正吾
監修	テニスマガジン
発行人	池田哲雄
発行所	株式会社ベースボール・マガジン社
	〒103-8482
	東京都中央区日本橋浜町2-61-9 TIE浜町ビル
	電話　　03-5643-3930（販売部）
	03-5643-3885（出版部）
	振替口座　00180-6-46620

| 印刷・製本 | 大日本印刷株式会社 |